7-

BETTINA MATTHAEI

CURRY
RAFFINIERT UND KREATIV

IMPRESSUM

ISBN 978-3-03780-410-0, Lizenzausgabe für FONA Verlag AG, CH-Lenzburg   www.fona.ch
© Walter Hädecke Verlag, D-71263 Weil der Stadt, 2009

Nachdruck, auch auszugsweise, nur mit Genehmigung des Verlages.
Alle Rechte vorbehalten, insbesondere die der Übersetzung, der Übertragung
durch Druck-, Bild- oder Tonträger, des Vortrags und der Fotokopie.
Eine Übernahme der in diesem Werk mitgeteilten Informationen auf Datenträger
und in Datensysteme ist ohne Genehmigung des Verlages unzulässig.

Die Rezepte für die Currymischungen sind ausschließlich für den
Privatgebrauch bestimmt und nicht zu kommerziellen Zwecken.

Fotos: Michael Boyny, München
Foodstyling: Daniel Petri, München
Gestaltung und Satz: Juscha Deumling, München
Lektorat: Mo Graff, Weil der Stadt
Reproduktion: LUP AG, Köln
Druck: Offizin Andersen Nexö Leipzig GmbH, Zwenkau
Printed in Germany 2009

Danksagung
Die auf den Fotos abgebildeten Currymischungen wurden uns freundlicherweise von
der Firma 1001 Gewürze GmbH, Hamburg (www.1001gewuerze.de) zur Verfügung gestellt.

INHALT

VORWORT — 5

DIE WICHTIGSTEN ZUTATEN — 6

CURRYMISCHUNGEN & PASTEN — 10
CURRYMISCHUNGEN ZUM SELBERMACHEN — 12
9 HIMMLISCHE CURRYMISCHUNGEN — 14, 16
2 THAI-CURRYPASTEN — 19

VORSPEISEN, SUPPEN & SALATE — 20
VORSPEISEN MIT FISCH & MEERESFRÜCHTEN — 22
VORSPEISEN VEGETARISCH — 32
VORSPEISEN MIT FLEISCH — 43
SUPPEN — 47
SALATE — 53

HAUPTGERICHTE VEGETARISCH — 60

HAUPTGERICHTE MIT FLEISCH — 78

HAUPTGERICHTE MIT FISCH & MEERESFRÜCHTEN — 98

DESSERTS — 112

FEINE EXTRAS — 128

PRODUKTE FÜR DIE REZEPTE — 145

REZEPTE VON A BIS Z — 146

HINWEISE UND ABKÜRZUNGEN

Alle Rezepte sind für 4 Personen berechnet.
Die Temperaturangaben beziehen sich auf
die Zubereitung in einem handelsüblichen
Elektrobackofen.

Die in den Zutaten verwendeten Eier haben die
Handelsgröße L (groß) und sind Güteklasse A.
Verwenden Sie immer nur ganz frische Eier!

1 TL = Teelöffel = 5 ml
1 EL = Esslöffel = 15 ml
Msp. = Messerspitze

ml = Milliliter
l = Liter
g = Gramm
kg = Kilogramm
cm = Zentimeter

IM 7. CURRYHIMMEL

Gelb leuchtendes Kurkuma, Chilis in strahlendem Rot, warmes Braun von Muskat und Nelke ... Farben in allen Abstufungen, umweht von zart-würzigen bis erdig-herben Düften. Was bezaubert uns mehr, der Rausch der Farben, die Sinnlichkeit der Aromen oder die Vielfalt der geschmacklichen Nuancen?

Gewürze erreichen all unsere Sinne und wer einmal eintaucht in die Welt der Gewürze, wer sieht und riecht und schmeckt, wird reich belohnt: Chilis sind nicht mehr nur scharf, sondern auch fruchtig, anregend und beglückend. Safran betört mit honigsüßen bis feinherben Tönen, Kardamom inspiriert mit der bitteren Frische von Bergamotte, Zimt besänftigt mit sanft-herber Süße und Pfeffer bereichert unser Essen wie kaum ein anderes Gewürz.

Jedes einzelne Gewürz hat seinen ganz besonderen Charakter und ist bereits spannend und vielschichtig in sich. Wenn man nun diese so unterschiedlichen Gewürze miteinander zu einer Gewürzmischung kombiniert, wenn Süßes und Bitteres, Säuerliches und Scharfes zusammenkommen, dann spielt jeder Teil dieser Mischung seine besondere Rolle wie jedes einzelne Instrument in einem Orchester.

In der Welt der Gewürze ist Curry das bekannteste „Orchester" – Curry ist geradezu das Synonym für Gewürzmischung. Und dennoch ist jede Currymischung anders.

Denn die einzelnen Gewürze können auf immer andere Art eine gelungene Verbindung in einer Curry-Mischung eingehen – von fruchtig-frisch für ein leichtes Fischgericht über herzhaft-scharf für lange Geschmortes bis hin zu zartduftig für feine Speisen.

Ihren ganzen intensiven Zauber entfalten die Gewürze aber erst in einem gekochten Gericht, mit der richtigen Temperatur, der abgestimmten Dosierung, den perfekten Zutaten.

Für dieses Buch habe ich neun ganz verschiedene Currymischungen entwickelt, jeweils abgestimmt auf die Gerichte und ihre wichtigsten Zutaten. Die Currymischungen sollen dabei harmonisch ergänzen, raffiniert begleiten oder frech betonen – nie aber übertönen.

Und plötzlich passt alles zusammen: Die Pizza mit dem Safrancurry, der gebeizte Lachs mit dem Limettencurry, zur Guacamole das grüne Thaicurry und die Panna cotta mit dem Dessertcurry.

Lassen Sie sich einfach inspirieren und in den 7. Curryhimmel entführen!

Bettina Matthaei

DIE WICHTIGSTEN ZUTATEN

TROCKENE GEWÜRZE

BOCKSHORNKLEE
Die würzigen wie bitteren Samen sind ein wichtiges Element vieler Currymischungen. Um den bitteren Geschmack zu mildern, werden die Samen vor dem Mahlen trocken geröstet.

CAYENNE
Cayenne-Chilis sind schmale, nicht zu lange Chilischoten, die fast überall erhältlich sind. Auf der Schärfeskala von 1 bis 10 stehen sie an achter Stelle. Werden sie mitsamt ihren besonders scharfen Kernen und Trennwänden vermahlen, ist das Pulver relativ hell.

CHILI
Für Mischungen, die ein wenig gröber sein sollen, eignen sich die sogenannten Chiliflakes. Besonders scharf sind die Chiliflocken mit Kernen; feiner und fruchtiger sind sie ohne Kerne.

CUMIN (Kreuzkümmel)
Im Aussehen ähnlich dem klassischen Kümmel, jedoch dunkel-bräunlich. Warmes, schweres Aroma, scharf-bitterer Geschmack. Cumin ist wichtiger Bestandteil vieler Currymischungen.

CURRYBLATT
Zartsüßlich und blumig in Aroma und Geschmack, mit feinwürzigen, krautigen Tönen. Deutlich schwächer als frische Curryblätter, aber dennoch typisch.

GALGANT
Das rosa-bräunliche Pulver erinnert an Ingwer, ist jedoch weniger scharf. Sein Aroma ist holzig und dennoch frisch mit Noten von Kardamom und Kampfer.

GEWÜRZNELKE
Wegen ihres starken süßlich-warmen Aromas und ihres kraftvollen, feurigen und würzigen Geschmacks wird die Gewürznelke eher sparsam dosiert. Auch gemahlen verliert sie kaum an Intensität.

INGWER
Getrockneter Ingwer verliert gegenüber frischem Ingwer ein wenig an seiner typischen zitronigen Frische, bewahrt jedoch seinen Charakter und seine beißende Schärfe.

KARDAMOM
Kardamom hat ein intensives zitrusähnliches Aroma, das stark an Kampfer erinnert. Der Geschmack ist zunächst süßlich, dann auch harzig mit herber Bergamotte-Note. Am besten immer frisch mahlen.

KORIANDER
Die braunen kugeligen Samen sind Bestandteil fast aller Currymischungen. Der Geschmack erinnert an frisches Heu mit einer herben Note nach Bitterorangen.

KORIANDERGRÜN
Getrocknet verliert Koriandergrün deutlich an Intensität. Es bleibt eine angenehm zartkrautige Note.

KURKUMA
Erdiges, leicht blumiges Aroma, das bei langer Lagerung eher dumpf wird. Feinherber Geschmack. Gibt Currys die typisch gelbe Farbe.

LIMETTE
Getrocknete Limetten kommen aus Thailand, China und dem Iran. Sie werden im Ganzen an der Sonne getrocknet und komplett vermahlen. Sie schmecken sehr frisch und gleichzeitig herb.

MACIS (Muskatblüte)
Die Macis umhüllt den eigentlichen Samen, die sogenannte Muskatnuss, ist aber ein eigenständiges Gewürz. Feiner und zarter im Aroma wird es eher für Süßspeisen, Kompott und Chutneys verwendet.

MUSKATNUSS
Das eigenwillige Aroma kommt am besten frisch gemahlen zur Geltung. Im Geschmack intensiver, etwas herber und harziger als das Zwillingsgewürz Macis.

PAPRIKA
Je intensiver das Rot, desto süßer und milder der Geschmack (Paprika delikatess und edelsüß). Das brennend-scharfe Paprika „rosenscharf" ist fast schon mit Cayenne vergleichbar.

PFEFFER – SCHWARZ, WEISS, GRÜN
Schwarzer Pfeffer ist rund im Geschmack, mit fruchtigen und rauchigen Tönen. Beim weißen Pfeffer wird nach der Ernte die Fruchthülle entfernt, sodass nur der cremeweiße Kern verwendet wird. Grüner Pfeffer wird unreif geerntet und entweder in Lake eingelegt oder heißluftgetrocknet. So kann er leicht gemörsert oder gemahlen werden. Er schmeckt frisch, krautig und nur leicht scharf.

PIMENT
Intensiver, warm-würziger Duft und Geschmack nach Gewürznelken, Zimt, Pfeffer und Muskat, worauf auch seine anderen Namen (Allgewürz, Nelkenpfeffer) hinweisen.

PIMENT D'ESPELETTE
Diese aromatische Chili-/Paprikaschote wächst in den Pyrenäen (Südfrankreich). Der Geschmack ist fruchtig und leicht scharf. Im Herbst werden die Schoten zum Trocknen an den Häusern aufgehängt.

SAFRAN
Blumig-zartes und gleichzeitig sehr intensives Aroma wie dunkler Honig, bittersüß im Geschmack. Passt zu süßen wie zu pikanten Gerichten.

SALZ
Genau genommen ist Salz kein Gewürz, sondern ein Mineral. Und dennoch ist es das wichtigste Würzmittel überhaupt, verstärkt und intensiviert es doch den Eigengeschmack der einzelnen Zutaten auf unvergleichliche Weise. Die Menge, die als angenehm empfunden wird, variiert von Mensch zu Mensch, weshalb in den Rezepten meistens nur die Angabe „Salz" oder „Meersalz" steht.

Einfaches Salz (Steinsalz oder preiswertes grobes Meersalz) wird in der Regel verwendet, wenn es um das Kochen von Kartoffeln oder Pasta geht. „Meersalz" kann z. B. feines Fleur de sel sein, zartes Maldon Sea Salt oder mildes Murray River Salt. Diese edlen Salze werden eigentlich nur zum nachträglichen Würzen verwendet. Am besten mit einer kleinen Prise beginnen und vorsichtig nachsalzen.

SCHWARZKÜMMEL
Pfeffrig-bitter, nussig und intensiv würzig. Die samtigschwarzen kantigen Samen sind wichtiger Bestandteil der bengalischen Mischung *Panch Phoron*.

SENF – BRAUN
Die ganzen Samen haben kaum Aroma. Erst beim Mahlen oder beim Anrösten in Öl entfalten sie ein beißendes, erdiges Aroma. Der Geschmack ist zunächst nur herb, gefolgt von einer lang anhaltenden aromatischen Schärfe.

STERNANIS
Intensiver, lakritzartiger Duft; kräftiger, süßlich-herber Geschmack. Nur sehr sparsam dosieren! In Suppen oder Fonds einfach ½–1 Sternanis mitkochen. Nach 10 Minuten prüfen, ob das Aroma intensiv genug ist. Alternativ mit 1 Msp. gemahlenem Sternanis würzen.

ZIMT
Ceylonzimt (Canehl) hat ein samtig-weiches, süßlich-holziges Aroma, der Geschmack ist feinwürzig mit Noten von Gewürznelke, die einzelnen Rindenschichten sind dünn und blassbräunlich. Der chinesische oder indonesischen Cassiazimt hat eine dicke, rotbräunliche Rinde und ist derber und intensiver im Geschmack.

ZIMTBLÜTEN
Die Knospen des Cassiastrauchs werden vor der Blüte geerntet und getrocknet. Sie werden im Ganzen verwendet, z. B. für Kompott. Gemahlen entwickeln sie neben dem typischen würzig-süßlichem Zimtaroma interessante Röstnoten.

DIE WICHTIGSTEN ZUTATEN

FRISCHE GEWÜRZE

CHILI ROT UND GRÜN, THAI, JALAPEÑO
Das Angebot an Chilis ist fast unüberschaubar groß. Unreife Chilis werden grün geerntet, bis zur Reife färben sie sich gelb, orange und rot, manche Sorten auch violett bis tiefbraun. Die auch in Supermärkten erhältlichen Chilis sind meist 10–15 cm lang und eher mild. Die kleinen Thaichilis sind deutlich schärfer, die rundlich-ovalen Jalapeños schmecken fruchtig und mittelscharf.

DAIKONKRESSE
Die grüne oder dunkelrote Kresse sieht ähnlich wie Gartenkresse aus, hat jedoch größere Blätter. Sie hat einen scharfen, rettichartigen Geschmack.

GALGANT
Frischer Galgant wird wie frischer Ingwer verwendet, geschält, gerieben oder in Scheiben mitgekocht. Aroma und Geschmack sind ähnlich wie getrockneter Galgant, nur deutlich frischer.

KORIANDERGRÜN
Die Blätter, Stiele und Wurzeln haben das gleiche Aroma: zart und intensiv zugleich, zitronig, ingwerähnlich mit Noten von Minze und grünem Pfeffer.

KAFFIRLIMETTE
Von der leuchtend grünen Frucht wird meist nur die schrumpelige Schale verwendet: dünn abgeschält oder abgerieben verströmt sie ein intensives Zitrusaroma. Der Geschmack ist eher herb.

KAFFIRLIMETTENBLATT
Die glänzenden, ledrigen Doppelblätter haben einen intensiven Duft, ähnlich wie eine Mischung aus Zitrone und Limette. Die frischen Blätter werden vor dem Kochen seitlich eingeschnitten, um mehr Aroma abzugeben. Zum Mitessen werden sie in feinste Streifen geschnitten, die feste Mittelrippe dabei entfernt.

ORANGENTHYMIAN
Diese besondere Thymianart besticht durch süßliches Orangenaroma und passt zu Huhn, Fisch und feinen Marinaden ebenso wie zu fruchtigen Desserts. Ähnlich frisch-aromatisch ist Zitronenthymian.

SCHNITTKNOBLAUCH
Geschmack und Aroma des „Chinesischen Knoblauchs" ist näher dem Knoblauch, als dem Schnittlauch. Die Halme sind flach und nicht röhrenförmig.

THAISCHALOTTEN
Die kugeligen violettfarbenen Thaischalotten sind saftiger als normale Schalotten, weniger scharf und schmecken besonders fruchtig.

ZITRONENGRAS
Nur die dickeren unteren Teile werden verwendet: Man entfernt die äußeren trockenen Blätter und schneidet das Innere in Scheiben oder klopft es im Ganzen faserig. Vor dem Servieren entfernen. Zitronengras gibt den Gerichten einen frischen, exotisch-zitronigen Geschmack.

NICHT ALLTÄGLICHE ZUTATEN ODER WÜRZZUTATEN

ACETO BALSAMICO BIANCO
Der aus dem Most weißer Trauben hergestellte helle Essig ist milder als viele Weißweinessige und eignet sich aus optischen Gründen manchmal besser als der tiefdunkle echte Aceto Balsamico, der – besonders als „traditionale" – geschmacklich jedoch nicht erreicht wird. Eine intensiv fruchtige Alternative ist Apfelbalsamessig.

AGAVENDICKSAFT
Der klare, hellbernsteinfarbene Sirup wird aus den Blättern der Agavenpflanze gewonnen. Er schmeckt mild, hat dabei eine stärkere Süßkraft als z. B. Zucker und wird deshalb sparsam dosiert.

APFELBALSAMESSIG
Hier wird Apfelmost langsam eingedickt und zu Essig vergoren. Guter Apfelbalsamessig enthält keinen zugesetzten Zucker. Er schmeckt intensiv fruchtig, süßlich und gleichzeitig säuerlich.

SÜSSE CHILISAUCE
Neben Zucker, Wasser und Chili enthalten diese Saucen meist noch Knoblauch, Essig und Salz. Ideal zum Dippen und schnellen Würzen.

PAPPADAM
Die dünnen indischen Fladen aus Linsenmehl sind oft mit Cumin oder Pfeffer gewürzt. Sie werden frittiert oder kurz in der Pfanne gebraten und als Appetizer mit Chilidips oder Würzjoghurt („Raita") gereicht.

REISESSIG
Der aus asiatischem Reiswein hergestellte Essig ist mit 3–5 % Säure relativ mild. Er passt perfekt zu Sojasauce, Fischsauce und Sesamöl.

TAHINI
Die ölige, nussig-herb schmeckende Paste wird aus gemahlener Sesamsaat hergestellt. Tahini aus geschältem Sesam ist heller und milder, Tahini aus ungeschältem Sesam dunkler und herber.

VANILLESALZ
Die Aromen der Vanille bereichern viele Gerichte, passen perfekt zu Ente, Huhn, Lachs und Garnelen. Vanillesalz gibt es in Delikatessgeschäften. Man kann es auch selber herstellen: eine Vanilleschote in 3 mm lange Stücke schneiden, etwas antrocknen lassen und mit grobem Salz gemischt in eine Salzmühle füllen.

WASABI
Die Wurzel des japanischen „Meerrettichs" wird vor Allem zum scharfen Würzen von Sushi und Sashimi verwendet, wobei seine Schärfe weit über der von Meerrettich liegt. Es gibt Wasabi als hellgrünes Pulver oder als Paste aus der Tube.

OBST UND GEMÜSE

KUMQUATS
Die 3–5 cm großen ovalen oder runden Zitrusfrüchte sehen wie kleine Orangen aus. Sie schmecken fruchtig, säuerlich und sehr erfrischend, die zarte, leicht herbe Schale kann mitgegessen werden.

PASTINAKEN
Die cremefarbenen Rüben haben einen süßlichen, angenehmen Duft. Sie schmecken ähnlich wie Petersilienwurzeln, nur milder. Sie werden geschält, gekocht und meist zu Püree verarbeitet.

QUITTEN
Das blumige, fruchtig-herbe Aroma passt zu süßen wie zu pikanten Speisen wie Wild oder Ente. Die Früchte werden geschält, gekocht und dann zu Saft oder Püree verarbeitet. Roh sind sie nicht genießbar.

CURRYMISCHUNGEN & PASTEN

CURRYMISCHUNGEN ZUM SELBERMACHEN

Ganze Samen – wie z. B. Koriander, Cumin (Kreuzkümmel), Kardamom, Senf, Bockshornklee oder Pfeffer – nach Sorten getrennt in einer Pfanne ohne Fett bei mittlerer Hitze 2–3 Minuten rösten, dabei ständig wenden. Sobald die Gewürze anfangen zu duften, auf einen Teller geben und vollständig abkühlen lassen.

Anschließend in einer elektrischen Kaffeemühle mahlen und je nach Rezept mit **pulverförmigen Gewürzen** – wie Ingwer, Ceylonzimt, Kurkuma, Paprika oder Cayenne – gründlich mischen.

Safranfäden werden im Mörser fein zerrieben und dann mit den anderen Gewürzen gründlich gemischt.

Getrocknete Kräuter wie Minze, Kaffirlimettenblatt oder Curryblatt im Blitzhacker zerkleinern und anschließend nach Belieben sieben und erst danach mit den Messlöffeln abmessen.

Getrocknete Zitrusschalen – Orange und Zitrone – kann man fertig kaufen, entweder fein gemahlen oder in kleinen Stückchen, die man im Blitzhacker weiter zerkleinern kann.

Getrocknete Limetten gibt es im Orientladen ganz oder als grobes Pulver. Die ganzen getrockneten Limetten werden zuerst im Mörser grob zerstoßen, dann im Blitzhacker weiter zerkleinert und nach Belieben gesiebt.

Aromatischer werden die Mischungen, wenn man sich die **Zitrusschalen selber herstellt:** Mit dem Sparschäler die Schale von unbehandelten Früchten in dünnen Streifen abziehen und im Ofen bei 60 °C einige Stunden trocknen. Nach dem Abkühlen in Stückchen brechen und im Blitzhacker fein zerkleinern.

Zum Abmessen der Mengen sind Haushalts-Messlöffel ideal, wobei die Messlöffel gestrichen voll abgemessen werden:

1 TL = Teelöffel = 5 ml
1 EL = Esslöffel = 15 ml

Die fertigen Mischungen in fest schließenden Schraubgläsern kühl, trocken und dunkel aufbewahren (Lagerzeit ca. 24 Monate). Die Rezepte ergeben zwischen 40 und 50 g.

9 HIMMLISCHE CURRYMISCHUNGEN

1 LIMETTENCURRY
LIMETTENFRISCH-WÜRZIG
FÜR FISCH, GARNELEN, SAUCEN

1 EL Koriander
1 EL Kurkuma
2 ½ TL Cumin (Kreuzkümmel)
2 ½ TL Limettenpulver
2 TL grüner Pfeffer
2 TL Ingwer
1 ½ TL Kardamom
1 TL Cayenne
1 TL Kaffirlimettenblatt
½ TL Knoblauchpulver

2 DESSERTCURRY
FEINFRUCHTIG,
MIT LEICHTER SCHÄRFE

3 EL Orangenschale, fein gemahlen
1 ½ EL Kardamom
2 TL Kurkuma
1 TL Ingwer, gemahlen
1 TL Ceylonzimt, gemahlen
½ TL Galgant, gemahlen
½ TL Cayenne

3 SCHARFES CURRY
KRÄFTIG-SCHARF, WÜRZIG
FÜR LINSEN UND FLEISCH

2 ½ TL Koriander
2 ½ TL Cayenne
2 ½ TL schwarzer Pfeffer
2 ½ TL Kurkuma
2 TL Cumin (Kreuzkümmel)
1 ½ TL Bockshornklee
1 ½ TL Chiliflakes
1 ½ TL Koriandergrün
1 TL gemahlene Limette
¼ TL gemahlene Gewürznelke

4 GARAM MASALA
WARM-AROMATISCH
FÜR GEMÜSE, HÜLSENFRÜCHTE, REIS

2 EL Koriander
1 ½ EL Cumin (Kreuzkümmel)
1 EL schwarzer Pfeffer
2 TL Kardamom
2 TL Ceylonzimt, gemahlen
1 TL Muskatnuss, frisch gerieben
1 TL Lorbeerblatt, fein zerkleinert

5 ROT-SCHARFES CURRY
AROMATISCH UND SCHARF
FÜR LINSEN, GEMÜSE, FLEISCH

1 ½ EL Paprikapulver delikatess
1 EL Cayenne
2 TL Cumin (Kreuzkümmel)
2 TL Kurkuma
2 TL schwarzer Pfeffer
1 ½ TL Kardamom
1 TL Ceylonzimt
1 TL Chiliflakes
1 TL Curryblätter
½ TL Galgant, gemahlen
¼ TL Knoblauchpulver

Abbildung der Currymischungen 1 bis 5
von unten nach oben im Uhrzeigersinn.

6 ORANGENINGWERCURRY
AROMATISCH, FRUCHTIG
FÜR ENTE, SCHWEIN, CHUTNEYS

2 EL Orangenschale
1 EL Kurkuma
2 TL Ingwer
2 TL schwarzer Pfeffer
2 TL Cumin (Kreuzkümmel)
2 TL Kardamom
1 ½ TL Cayenne
1 TL Paprika delikatess
1 TL Ceylonzimt

7 MINZCURRY
FRISCH, ANREGEND
FÜR FISCH, HELLES FLEISCH, DIPS

4 TL getrocknete Minze,
z. B. Pfefferminze aus Thüringen
oder Englische Minze
3 TL Kurkuma
2 TL Kardamom
2 TL Ingwer
1 ½ TL Koriander
1 ½ TL Cumin (Kreuzkümmel)
1 TL Koriandergrün
1 TL Cayenne
1 ½ TL Knoblauchpulver

8 SAFRANCURRY
EDEL, AROMATISCH
FÜR FISCH, GEFLÜGEL, PASTA

2 EL Koriander
1 EL schwarzer Pfeffer
1 EL Kurkuma
2 TL Cumin (Kreuzkümmel)
1 ½ TL Ingwer, gemahlen
1 ½ TL Kardamom
1 TL Cayenne
1 TL Safranfäden
½ TL getrocknete Zitronenschale (S. 12)

9 AROMATISCH-WÜRZIGES CURRY
HOCHAROMATISCH-WÜRZIG,
MITTELSCHARF, EIN „ALLROUND"-CURRY

1 ½ EL Koriander
1 EL Cumin (Kreuzkümmel)
2 TL Kurkuma
2 TL Kardamom
2 TL schwarzer Pfeffer
2 TL Ceylonzimt, gemahlen
2 TL Curryblatt
1 TL Cayenne
½ TL Muskatnuss, frisch gerieben
¼ TL Gewürznelke, gemahlen

Abbildung der Currymischungen 6 bis 9
von unten nach oben im Uhrzeigersinn.

CURRYMISCHUNGEN & PASTEN

GRÜNE THAICURRYPASTE

5–6 große grüne Chilischoten
30 g Ingwer
30 g frischer Galgant
4 Knoblauchzehen
10 Thaischalotten
5 Kaffirlimettenblätter
1 unbehandelte Limette
1 gr. Bund Koriandergrün mit Wurzeln
2 TL grobes Meersalz
1–2 EL Erdnussöl

Chilischoten putzen, entkernen, das Fruchtfleisch fein hacken. Ingwer, Galgant, Knoblauch und Schalotten schälen und fein würfeln.

Von den Limettenblättern die dicke Mittelrippe herausschneiden. Blatthälften übereinanderlegen, in haarfeine Streifen und dann in Stückchen schneiden. Die Limette heiß waschen und trocken reiben, die Schale abraspeln. Die Wurzeln des Koriandergrüns putzen und fein hacken, die Stiele und Blätter klein schneiden.

Alle Zutaten im Blitzhacker zu einer möglichst feinen Paste verarbeiten. Zum Schluss Salz und Öl untermischen.

In einem Schraubglas hält die Paste im Kühlschrank ca. 1 Woche.

ROTE THAICURRYPASTE

6–10 getrocknete rote Chilischoten
20 g frischer Galgant/Galangawurzel, ersatzweise Ingwer
4 Korianderwurzeln
6 Knoblauchzehen
10 Thaischalotten
1 Kaffirlimette
2 Stiele Zitronengras
1 EL Koriandersamen
2 TL Cuminsamen (Kreuzkümmelsamen)
1 TL schwarze Pfefferkörner
½–1 TL Terasi (Garnelenpaste)
1–2 EL Erdnussöl

Chilischoten 30 Minuten in lauwarmem Wasser einweichen. Galgant, Korianderwurzeln, Knoblauch und Schalotten schälen und sehr fein hacken.

Vom Zitronengras die äußeren harten Blätter entfernen, das Innere der unteren Hälfte sehr fein hacken. Limette heiß waschen, trocken reiben und zwei Teelöffel Schale abraspeln. Koriander, Cumin und Pfeffer in einer Pfanne trocken rösten (S.12), abkühlen und mahlen oder im Mörser zerstoßen.

Chilischoten abgießen und fein hacken. Mit Galgant, Korianderwurzeln, Knoblauch, Schalotten, Zitronengras und Limettenschale im Blitzhacker zu einer möglichst feinen Paste verarbeiten. Anschließend die gemahlenen Gewürze, Garnelenpaste und das Öl unterrühren.

In einem Schraubglas hält die Paste im Kühlschrank ca. 1 Woche.

VORSPEISEN, SUPPEN & SALATE

CURRYGEBEIZTER ORANGENLACHS
MIT GEMINZTER ORANGEN-CRÈME-FRAÎCHE

600 g Lachsfilet,
ein dickes Mittelstück
½ Bund Orangenthymian
1 EL Orangenbrand oder Orangenlikör
2 EL Meersalz
2 EL Rohrzucker
1 EL Orangeningwercurry (S. 16)
Zesten von 1 unbehandelten Orange

Das Lachsfilet in zwei gleich große Hälften schneiden. Kalt abbrausen und trocken tupfen, mögliche Gräten herausziehen. Thymianblättchen abstreifen und hacken.

Lachsfilets auf den Fleischseiten mit dem Orangenbrand beträufeln. Salz, Zucker und Curry mischen und in das Fleisch einreiben. Thymian und Zesten darüberstreuen.

Beide Fischhälften mit den Fleischseiten aufeinander auf einen Suppenteller legen, mit Folie überziehen. Darauf ein Brett geben und dieses mit 1–2 Konservendosen beschweren. Für 24 Stunden in den Kühlschrank stellen, Filets dabei ab und zu wenden.

Anschließend die Würzschicht abkratzen, die Filets schräg in hauchdünne Scheiben aufschneiden.

1 Bund Minze,
Sorte nach Belieben
1 unbehandelte Orange
150 g Crème fraîche
Vanillesalz (S. 9)
schwarzer Pfeffer aus der Mühle
¼ TL Orangeningwercurry (S. 16)

GEMINZTE ORANGEN-CRÈME-FRAÎCHE
Minzeblättchen abzupfen, abbrausen und trocken tupfen. Übereinander legen, in millimeterfeine Streifen schneiden und diese fein hacken. Orange heiß waschen, die Schale fein abreiben.

Orange schälen und filettieren, austretenden Saft mit Crème fraîche, Vanillesalz und Pfeffer verrühren. Minze und Orangenschale untermischen.

ANRICHTEN
Die Lachsscheiben mit der geminzten Orangen-Crème-fraîche, Orangenfilets sowie einigen Minzblättern anrichten. Mit einem Hauch Curry bestäuben.

DAZU PASST DIE GEMINZTE ORANGEN-CRÈME-FRAÎCHE AUCH: GERÄUCHERTE FORELLE, STREIFEN VON RÄUCHERLACHS ODER BLINIS MIT LACHSTATAR (SEITE 26)

CURRYGEBEIZTER LIMETTENLACHS
MIT WASABISAHNE

600 g Lachsfilet, ein dickes Mittelstück
2 Kaffirlimettenblätter
1 unbehandelte Limette
1 EL Wodka
2 EL Meersalz
2 EL Rohrzucker
1 EL Limettencurry (S. 14)

CURRYGEBEIZTER LIMETTENLACHS
Das Lachsfilet in zwei gleich große Hälften schneiden. Kalt abbrausen und trocken tupfen, mögliche Gräten herausziehen. Limettenblätter in millimeterfeine Streifen schneiden. Limette heiß waschen, die Schale in Zesten abziehen, einen Esslöffel Saft auspressen.

Lachsfilet auf der Fleischseite mit Wodka und Limettensaft beträufeln. Salz, Zucker und Curry mischen und in das Fleisch einreiben. Limettenblattstreifen und Zesten darüberstreuen.

Beide Fischhälften mit den Fleischseiten aufeinander auf einen Suppenteller legen, mit Folie bedecken. Darauf ein Brett legen und dieses mit 1–2 Konservendosen beschweren.

Für 24 Stunden in den Kühlschrank stellen, Filets dabei ab und zu wenden. Anschließend die Würzschicht abkratzen, die Filets schräg in hauchdünne Scheiben aufschneiden.

100 g Sahne
1 TL Wasabipaste (Tube)
½ TL getrocknete grüne Pfefferkörner
Meersalz

WASABISAHNE
Zwei Esslöffel Sahne abnehmen und mit Wasabi verrühren. Restliche Sahne steif schlagen, dabei die Wasabimischung zugeben. Pfeffer im Mörser zerdrücken und mit einer Prise Salz unter die Sahne mischen.

1 unbehandelte Limette
1 Stück Salatgurke
8 Stiele Schnittlauch oder Schnittknoblauch

ANRICHTEN
Limette heiß waschen, Schale mit dem Zestenreißer abziehen. Gurke schälen, halbieren und die Kerne herauskratzen. Gurke in hauchdünne Scheibchen hobeln. Schnittlauchstängel quer halbieren.

Lachsscheiben mit Tupfern von Wasabisahne, mit Gurke, Limettenzesten und Schnittlauch dekorieren.

LAUWARMES THUNFISCHCARPACCIO
MIT ROTEM CURRYCHILIÖL UND SESAMCHILISPRINKLE

250 g Thunfisch in Sushiqualität
3 EL rotes Currychiliöl (S. 33)
grüner Pfeffer aus der Mühle
feines Meersalz (z. B. Fleur de sel)

LAUWARMES THUNFISCHCARPACCIO
Thunfisch in hauchdünne Scheiben schneiden. Eine Platte mit etwas Currychiliöl einpinseln, die Thunfischscheiben darauf verteilen. Restliches Öl darüber träufeln und gleichmäßig verteilen, mit Pfeffer würzen. Zugedeckt im Kühlschrank mindestens 1 Stunde marinieren.

Den Ofen auf 40–45 °C vorwärmen. Thunfisch zudecken und 15–20 Minuten im Ofen sanft ziehen lassen. Mit Salz würzen und mit Sesamchilisprinkle bestreuen.

2 EL weiße Sesamsaat
30 g frischer Ingwer
1 unbehandelte Limette
1 grüne Chilischote
½ TL brauner Zucker
Meersalz
Koriandergrün, nach Belieben

SESAMCHILISPRINKLE
Sesam in einer Pfanne ohne Fett goldgelb rösten, auf einen Teller schütten und abkühlen lassen. Ingwer schälen und sehr fein würfeln. Limette heiß waschen und trocken reiben. Die Schale mit dem Zestenreißer abziehen und fein hacken. Chili putzen und winzig klein würfeln.

Alles mit Zucker und Salz mischen. Kurz durchziehen lassen. Nach Belieben noch etwas gehacktes Koriandergrün untermischen.

TIPP
Wenn es schnell gehen muss: Thunfisch roh servieren, mit Meersalz und Chiliflakes würzen und mit Koriandergrün oder Daikonkresse bestreuen.

BLINI UND CURRYLACHSTATAR
MIT FRISCH-WÜRZIGEM SCHMANT

Je 100 g Schmant (ersatzweise Crème double), saure Sahne/Rahm und Magerquark
1 ½ TL Limettencurry (S. 14)
Salz
1 TL Akazienhonig
1 unbehandelte Limette
½ Bund Dill

DAZU PASST DER FRISCH-WÜRZIGE SCHMANT AUCH:
JUNGE PELLKARTOFFELN, OFENKARTOFFELN, GEMÜSEPUFFER, HERINGSFILETS ODER ALS SAUCE ZU EINEM KARTOFFELSALAT

125 g Weizenmehl, Typ 405
125 g Buchweizenmehl
1 TL Salz
1 TL Zucker
2 TL aromatisch-würziges Curry (S. 16)
1 TL Trockenhefe
2 Eier
400 ml Milch
Öl zum Braten

300 g milder Wildräucherlachs
4 Stängel Dill
2 Frühlingszwiebeln
1 TL Dijonsenf
1 TL Akazienhonig
2 TL Limettencurry (S. 14)
1 ½ EL mildes Olivenöl
Meersalz
grüner Pfeffer aus der Mühle
1–2 TL Limettensaft

FRISCH-WÜRZIGER SCHMANT
Schmant, saure Sahne und Quark mit Curry, Salz und Honig glatt verrühren. Limette heiß waschen, 1 TL Schale abreiben.

Dillspitzen fein hacken, einige ganz lassen. Limettenschale und Dillspitzen unter den Schmant heben, mit einem Spritzer Limettensaft abschmecken, mit Dillspitzen garnieren.

BLINI
Weizen- und Buchweizenmehl in eine Schüssel sieben, mit Salz, Zucker, Curry und Hefe verrühren. 1 ganzes Ei und 1 Eigelb zugeben, das Eiweiß kalt stellen. Die Milch lauwarm erwärmen, unter Rühren nach und nach zur Mischung geben, bis ein glatter Teig entstanden ist. Zugedeckt 1 Stunde gehen lassen.

Das Eiweiß steif schlagen und unter den Teig heben. Wenig Öl in eine große beschichtete Pfanne geben, mit einem Esslöffel 3–4 Portionen Teig hineinsetzen und etwas flach streichen. Bei guter Mittelhitze backen, bis sich an der Oberfläche Blasen bilden. Wenden, von der anderen Seite fertig backen. Auf Küchenpapier entfetten und im 100 °C heißen Ofen warm halten.

CURRYLACHSTATAR
Den Lachs in sehr feine Würfel schneiden. Dill abbrausen und trocken tupfen, einige Spitzen beiseitelegen, den Rest hacken. Frühlingszwiebel putzen, das Weiße fein hacken, das Grüne in sehr schmale Ringe schneiden.

Senf mit Honig und Curry verrühren, das Öl unterschlagen, mit Salz, Pfeffer und etwas Limettensaft abschmecken. Den Lachs mit gehacktem Dill, Zwiebelweiß und der Sauce mischen. Etwa 20 Minuten kalt stellen. Mit Dillspitzen und Zwiebelringen bestreuen und mit den Blini anrichten.

VARIANTEN
Die Blini entweder mit Kaviar, Räucherlachs, gebratenen Garnelen oder mariniertem Currylachs (S. 24) servieren.

DREIFARBIGE FISCHTERRINE
MIT VANILLELACHS UND CURRYKRÄUTERDIP

*Wegen des Aufwandes ist diese Terrine für größere Anlässe gedacht.
Sie reicht für 10–12 Personen als Vorspeise. Für weniger Personen die Mengen einfach entsprechend reduzieren.*

**13 Blatt weiße Gelatine
250 ml Fischfond
½ TL Safrancurry (S. 16)
50 ml Noilly Prat (Vermouth)
100 ml Weißwein, z. B. Riesling
1 TL abgeraspelte Schale
einer unbehandelten Orange
30 g Forellenkaviar
2 Stängel Dill**

**200 g Lachsfilet (dickes Mittelstück)
½ Vanilleschote
Meersalz
schwarzer Pfeffer aus der Mühle
z. B. Tellicherry (Kerala, Südindien)
1 EL Butter**

DAZU PASST DER VANILLELACHS AUCH: GRÜNER SPARGEL — DAZU DEN LACHS 1–2 MINUTEN LÄNGER GAREN UND NICHT IN DER FOLIE ABKÜHLEN LASSEN — ODER SÜSSKARTOFFELPÜREE (SEITE 76)

**3 Blatt weiße Gelatine
150 g Joghurt (3,5 % Fett)
100 g Crème fraîche (30 % Fett)
1 TL Limettencurry (S. 14)
Salz
½ TL Zesten von unbehandelter Limette
1 EL gehackte Dillspitzen
½ TL Akazienhonig**

WEISSWEINGELEE MIT SAFRANCURRY
Die Gelatine in kaltem Wasser einweichen. Fond mit Curry, Noilly Prat, Wein und Orangenschale aufkochen und auf 250 ml reduzieren. Gelatine ausdrücken, in der Flüssigkeit auflösen, lauwarm abkühlen lassen.

Eine Form (ca. 10 x 24 cm) mit Frischhaltefolie auskleiden. Die Hälfte der Flüssigkeit hineingießen, im Kühlschrank erstarren lassen. Forellenkaviar und einige Dillspitzen darauf verteilen, restliche Flüssigkeit darübergießen und im Kühlschrank fest werden lassen.

VANILLELACHS
Lachsfilet von Gräten und allem grauen Fett befreien. Vanilleschote längs aufschlitzen, das Mark herauskratzen. Lachs mit Vanillemark einreiben, salzen und pfeffern.

Die Butter in einer Pfanne erhitzen, bis sie schäumt, den Lachs von jeder Seite 30–60 Sekunden sanft anbraten. In Alufolie wickeln, darin abkühlen lassen. Danach behutsam zerpflücken, die Blättchen möglichst ganz lassen.

JOGHURTMOUSSE MIT LIMETTENCURRY
Die Gelatine kalt einweichen. Die restlichen Zutaten miteinander verrühren. Die Gelatine leicht ausdrücken und in einem kleinen Topf sanft erwärmen, bis sie schmilzt.

1–2 EL Joghurtmischung mit der Gelatine verrühren, dann diese unter die restliche Joghurtmischung geben.

Sobald die Masse anfängt zu gelieren, die Hälfte davon auf die erste Schicht in der Form streichen. Darauf den zerpflückten Vanillelachs verteilen und darüber die restliche Joghurtmischung verstreichen. Zugedeckt in den Kühlschrank stellen.

RÄUCHERFORELLENMOUSSE

1 kleine Räucherforelle,
etwa 400 g (250 g netto)
3 Blatt weiße Gelatine
50 g Schalotten
10 g Butter
50 ml Weißwein
100 g Crème fraîche
1 unbehandelte Limette
1 ½ TL rot-scharfes Curry (S. 14)
schwarzer Pfeffer aus der Mühle,
z. B. tasmanischer Bergpfeffer
Meersalz
100 g Sahne/Rahm

Die Forelle häuten, filettieren und entgräten. Ein schönes Filetstück, etwa 70 Gramm, beiseitelegen und den Rest zerpflücken. Die Gelatine in kaltem Wasser einweichen.

Schalotten schälen, fein würfeln, in der Butter glasig dünsten, mit dem Wein ablöschen. Gelatine ausdrücken, in der warmen Zwiebel-Wein-Mischung auflösen.

Zerkleinerte Forelle mit Zwiebelmischung und Crème fraîche im Mixer fein pürieren. Limette heiß waschen und trocken reiben, 2 TL Schale abraspeln und 1–2 TL Saft auspressen.

Die Forellenmischung mit Limettensaft und Schale, Curry, Pfeffer und Salz abschmecken. Die Sahne steif schlagen und unterheben. Die Hälfte der Mischung in die Terrinenform auf die anderen Schichten auftragen, darauf das ganze Stück Forellenfilet legen und darüber die restliche Forellenmischung glatt streichen. Zugedeckt im Kühlschrank fest werden lassen.

TIPP
Das gut gekühlte ganze Forellenfilet pürieren und zur Mousse verarbeiten. Nach dem Erstarren mit einem Löffel Nocken abstechen und in Salatblättern oder auf Toastecken anrichten. Schmeckt auch fein zu den Blinis (S. 26).

CURRYKRÄUTERDIP

300 g saure Sahne oder Crème fraîche
1–2 EL Olivenöl
1–2 TL Minzcurry (S. 16)
Salz
grüner Pfeffer aus der Mühle
1–2 Schalotten
1 EL Schnittlauch, in feinen Röllchen
1 EL fein gehackte Petersilie

Saure Sahne mit Öl, Curry, Salz und Pfeffer verrühren. Schalotten schälen und sehr fein würfeln.

Mit den gehackten Kräutern unterheben.

ANRICHTEN
Die Terrine vor dem Servieren stürzen und mit einem scharfen Messer (vorher in heißes Wasser tauchen!) aufschneiden. Mit Salatgarnitur und Currykräuterdip, siehe oben, oder frisch-würzigem Schmant (S. 26) anrichten. Auch lecker dazu: Currybratkartoffeln (S. 92).

JACOBSMUSCHELN
AUF CURRYSTECKRÜBENPÜREE

300 g mehlig kochende Kartoffeln
1 Stück Steck-/Kohlrübe (Bodenkohlrabi), etwa 250 g
Salz
50 g Crème fraîche
1 ½ TL rot-scharfes Curry (S.14)
½ – 1 TL Zitronensaft
schwarzer Pfeffer aus der Mühle
Cayenne
½ Bund glatte Petersilie oder Koriandergrün

DAZU PASST DAS CURRYSTECKRÜBENPÜREE:
LAMMFILETS (SEITE 84) ODER
ENTENBRUSTFILET (SEITE 81),
ANSTELLE VON SELLERIEPÜREE

4–8 Jacobsmuscheln in der Schale
2 EL gelbes Curryöl (S.34)
Meersalz
Chiliflakes oder Piment d'Espelette

CURRYSTECKRÜBENPÜREE

Kartoffeln und Steckrübe schälen, in Stücke schneiden, in Salzwasser in ca. 20 Minuten garen. Abgießen, etwas ausdampfen lassen und mit dem Kartoffelstampfer fein stampfen oder durch die Kartoffelpresse drücken.

Crème fraîche mit Curry verrühren und untermischen. Mit Zitronensaft, Pfeffer und Cayenne abschmecken. Petersilie abbrausen, trocken tupfen, einige Blätter beiseite legen, den Rest hacken und unterziehen.

JACOBSMUSCHELN

Die Muscheln mit einem flachen, stumpfen Messer oder besser einer Palette öffnen, dabei die Palette zuerst an der flachen Schalenhälfte unter das Muschelfleisch schieben.

Deckel öffnen, mit der Palette das Muschelfleisch aus der gewölbten Hälfte lösen. Mit dem Finger das weiße „Nüsschen" vom grauen Rand lösen, den orangefarbenen Rogen (Corail) nach Geschmack weiterverwenden oder entfernen. Nüsschen und eventuell den Rogen gründlich abspülen und trocken tupfen.

Das Curryöl erhitzen, die Nüsschen je nach Größe von jeder Seite 1–2 Minuten kräftig anbraten, innen sollten sie noch glasig sein. Den Rogen nur jeweils etwa 30 Sekunden braten.

Aus der Pfanne nehmen, mit Salz und Chili würzen, mit dem Steckrübenpüree anrichten, mit Petersilienblättchen bestreuen.

CROSTINI MIT TOMATENCURRYCHUTNEY
UND GELEE AUS TOMATENCURRYCHUTNEY

1 kg aromatische Tomaten
200 g getr. Aprikosen
60 g frischer Ingwer
2 Knoblauchzehen
3 EL Pflanzenöl
1 TL braune Senfkörner
½ TL getrocknete Chiliflakes
30 g gewürfeltes Orangeat
2–3 EL Orangeningwercurry (S.16)
200 g Zucker
1 EL Salz
1–2 EL Aceto Balsamico bianco

DAZU PASST DAS TOMATENCURRY-
CHUTNEY AUCH:
PARMESAN, PECORINO
ODER ZIEGENFRISCHKÄSE

TOMATENCURRYCHUTNEY

Tomaten blanchieren, häuten, vierteln, entkernen und grob hacken. Aprikosen in 1 cm große Würfel schneiden. Ingwer und Knoblauch schälen und fein würfeln.

Das Öl erhitzen, Senfkörner darin anrösten, bis es knistert, Ingwer 1 Minute mitbraten. Knoblauch, Chili und Orangeat zugeben und 1 Minute unter Rühren braten, Aprikosen zugeben, mit Curry bestäuben, gut mischen und mit den Tomaten ablöschen.

Aufkochen, Zucker, Salz und 1 EL Essig einrühren. Nochmals aufkochen, dann bei geringer Hitze etwa 90 Minuten köcheln, bis das Chutney marmeladenähnlich eingekocht ist. Evtl. mit 1 EL Essig abschmecken.

Schraubgläser mit kochend heißem Wasser ausspülen, das Chutney einfüllen und verschließen. Nach dem Abkühlen in den Kühlschrank stellen. Hält im Kühlschrank mindestens 8 Wochen.

1 Baguette oder Ciabatta
Öl zum Bestreichen
Salz

CROSTINI

Den Backofen auf 200 °C vorheizen. Das Brot in Scheiben schneiden, mit wenig Öl einpinseln oder beträufeln und leicht salzen. In ca. 10 Minuten knusprig goldbraun rösten.

Sofort mit dem Chutney bestreichen.

3 Blatt Gelatine
100 ml Orangensaft
100 ml Tomatensaft
100 g Tomatencurrychutney

GELEE AUS TOMATENCURRYCHUTNEY

Die Gelatine in kaltem Wasser einweichen. Restliche Zutaten mischen, aufkochen und pürieren. Gelatine ausdrücken, in der heißen Mischung auflösen. Etwas abkühlen lassen und auf eine mit Backpapier ausgelegte Platte ca. 1 cm hoch gießen.

Nach dem Erstarren in Rauten schneiden oder kreisrund ausstechen und mit Ziegenfrischkäse anrichten.

GEMISCHTE ANTIPASTI
IN ROTEM CURRYCHILIÖL

2 rote Chilischoten (Peperoncini)
250 ml Distelöl oder Rapsöl
4 TL rot-scharfes Curry (S. 14)
oder scharfes Curry (S. 14)
2 TL Paprikapulver delikatess

DAZU PASST DAS ROTE CURRYCHILIÖL AUCH:
ZUM DIPPEN MIT BROT, ZUM MARINIEREN,
ZUM BRATEN ODER FÜR SALATSAUCEN

2 rote Paprikaschoten (Peperoni)
1 kleiner Blumenkohl
1 große Möhre (Gelbe Rübe)
2 Zucchini
8 große feste Champignons
2 EL Öl
6 EL rotes Currychiliöl, s. o.
2 EL Aceto Balsamico
Salz
schwarzer Pfeffer aus der Mühle

ROTES CURRYCHILIÖL

Chilischoten putzen, entkernen und das Fruchtfleisch fein hacken. 80 ml Öl vorsichtig erhitzen, bis kleine Bläschen aufsteigen.

Chiliwürfel leicht anrösten. Curry- und Paprikapulver darüberstäuben, etwa 2 Minuten unter Rühren sanft anrösten, bis es anfängt zu duften. Restliches Öl zugeben, Temperatur auf niedrigste Stufe (1–2) herunterschalten. Etwa 2 Stunden ziehen lassen. Ein Sieb mit Küchenpapier auslegen, das Öl abseihen. Im Kühlschrank hält das Curryöl mehrere Wochen.

GEMISCHTE ANTIPASTI

Den Backofen auf 220 °C (Umluft) vorheizen. Paprika vierteln, putzen und mit der Schnittfläche nach unten auf ein mit Backpapier ausgelegtes Blech legen. Grillfunktion zuschalten, Paprika 12–15 Minuten grillen, bis sich schwarze Blasen bilden.

Paprika mit einem feuchten Küchenhandtuch bedecken, 10 Minuten abkühlen lassen. Anschließend lassen sich die Paprikastücke problemlos häuten.

Blumenkohl putzen, in Röschen teilen, in einem Drahtkorb über kochendem Wasser in etwa 8 Minuten al dente garen. Eiskalt abschrecken.

Die Möhre schälen, schräg in dünne Scheiben hobeln. Ebenfalls über Dampf knapp garen.

Zucchini schräg in Scheiben hobeln, in wenig Öl von beiden Seiten nicht zu weich braten. Champignons in dicke Scheiben schneiden, bei starker Hitze in wenig Öl braten.

Gemüse in einer Schale anrichten. Rotes Curry-Chili-Öl mit Essig, Salz und Pfeffer verrühren und über das Gemüse gießen. Mehrere Stunden marinieren, dabei ab und zu wenden.

Mit Baguette servieren.

GERÖSTETE GELBE PAPRIKA
MIT BÜFFELMOZZARELLA IN CURRYÖLVINAIGRETTE

250 ml Distelöl oder Rapsöl
2 EL (= 15 g) aromatisch-würziger Curry (S. 16)

GELBES CURRYÖL
50 ml Öl vorsichtig erhitzen, bis kleine Bläschen aufsteigen. Currypulver einrühren, etwa 2 Minuten unter Rühren sanft anrösten, bis es anfängt zu duften. Restliches Öl zugeben, Temperatur auf niedrigste Stufe (1–2) herunterschalten. Etwa 2 Stunden ziehen lassen. Ein Sieb mit Küchenpapier auslegen, das Öl abseihen.

In einem Schraubglas im Kühlschrank hält das Curryöl mindestens 3 Monate.

VARIANTEN
Ganz nach Geschmack kann das Öl mit jedem Currypulver hergestellt werden, z. B. mit Limettencurry oder Safrancurry.

1000 g gelbe Paprikaschoten (Peperoni)
1 ½ EL Apfelbalsamessig
2 TL Akazienhonig
1 TL Dijonsenf
Meersalz
schwarzer Pfeffer aus der Mühle
4 EL gelbes Curryöl, s. o.
4 Stiele Thymian
2 Kugeln Büffelmozzarella

PAPRIKAGEMÜSE
Den Backofen auf 220 °C Umluft vorheizen. Paprika vierteln, putzen und mit der Schnittfläche nach unten auf ein mit Backpapier ausgelegtes Blech legen. Grillfunktion zuschalten und die Paprika 12–15 Minuten grillen, bis sich schwarze Blasen bilden.

Paprika mit einem feuchten Küchenhandtuch bedecken, 10 Minuten abkühlen lassen. Anschließend lassen sich die Paprikastücke problemlos häuten.

Aus Essig, Honig, Senf, Salz, Pfeffer und Öl eine Vinaigrette rühren. Die Hälfte der Thymianblättchen abstreifen, hacken und untermischen. Paprika mit der Vinaigrette mischen und etwa 2 Stunden darin marinieren.

Mozzarella in Scheiben schneiden, salzen und pfeffern. Abwechselnd mit den Paprikastücken auf eine Platte schichten, mit Thymianblättchen bestreuen.

CARPACCIO VON ROTER BETE
MIT KORIANDERKOKOSCHUTNEY

400 g Rote Bete (Randen)
Salz
2 Lorbeerblätter
4 TL Zitronensaft
Meersalz
schwarzer Pfeffer aus der Mühle
3 TL Waldhonig
4 EL Olivenöl

ROTE BETE/RANDEN
Rote Bete (Randen) gründlich waschen. Mit Lorbeerblättern in Salzwasser in 30–40 Minuten knapp gar kochen. Inzwischen aus den restlichen Zutaten eine Vinaigrette rühren.

Rote Bete (Randen) eiskalt abschrecken, Schale abziehen, auf einer „Mandoline" in millimeterdünne Scheiben hobeln.

Ein wenig Vinaigrette auf Portionstellern verstreichen, darauf die Scheiben kreisförmig anrichten. Restliche Vinaigrette über die Rote Bete träufeln und etwas ziehen lassen. Vor dem Servieren mit dem Koriander-Kokos-Chutney bestreuen.

50 g Kokosraspel
2 Bund Koriandergrün
1 Knoblauchzehe
1 Stück frischer Ingwer (ca. 20 g)
1–2 Bio-Limetten
2 kleine grüne Chilischoten (ca. 20 g)
½ TL Zucker, ½ TL Salz
1 TL Minzcurry (S. 16)

KORIANDERKOKOSCHUTNEY
Die Kokosraspel in einer Pfanne ohne Fett unter ständigem Rühren goldgelb rösten. Auf einen Teller schütten und abkühlen lassen.

Koriandergrün mit den zarten Stielen hacken. Knoblauch schälen und hacken, Ingwer schälen und fein reiben. Von den Limetten 2 TL Schale fein abreiben und 4 TL Saft auspressen. Chilischoten putzen, entkernen und hacken. Alle Zutaten im Mixer zu einem eher trockenen Chutney zerkleinern.

DAZU PASST KORIANDERKOKOSCHUTNEY AUCH:
SCHNELLE TOMATENCURRYSUPPE (SEITE 50),
CURRYSUPPE MIT ROTER BETE (SEITE 50)
ODER ROTKOHLSALAT MIT MANGO (SEITE 54)

50 g Kokosraspel
2 rote Chilischoten
1 Knoblauchzehe
1 Stück frischer Ingwer (ca. 20 g)
1 Bio-Orange, 1–2 TL Limettensaft
15 g Orangeat
1 TL Orangeningwercurry (S. 16)
Salz

VARIANTE
ORANGENKOKOSCHUTNEY
Die Kokosraspel in einer Pfanne ohne Fett unter ständigem Rühren goldgelb rösten. Auf einen Teller schütten und abkühlen lassen.

Chilischoten putzen, entkernen und hacken. Knoblauch schälen und hacken, Ingwer schälen und etwa 2 TL fein reiben. Von der Orange 4 TL Schale fein abreiben und 3 EL Saft auspressen. Alle Zutaten im Mixer zu einem eher trockenen Chutney zerkleinern.

Die Chutneys halten im Kühlschrank 4–5 Tage.

DAZU PASST ORANGENKOKOSCHUTNEY AUCH:
CARPACCIO VON ROTER BETE (S.O.),
KÜRBISCURRYSUPPE MIT KAKIS (SEITE 48),
CURRYSUPPE MIT ROTER BETE (SEITE 50)
ODER COLE SLAW (SEITE 56)

AUBERGINENDIP MIT LIMETTENCURRY

2 große Auberginen, 800 g (Melanzane)
100 g Ziegenfrischkäse
1 Bio-Limette
3 TL Limettencurry (S. 14)
Meersalz
schwarzer Pfeffer aus der Mühle
1 TL Schwarzkümmel

Den Backofen auf 250 °C (220 °C Umluft) vorheizen. Auberginen putzen, längs halbieren, mit der Schnittfläche auf ein mit Backpapier ausgelegtes Blech legen und auf der Hautseite mit der Gabel mehrfach einstechen.

Auf der obersten Schiene in den Ofen schieben, Grillfunktion zuschalten, 20–30 Minuten grillen, bis die Auberginen weich sind. Herausnehmen und abkühlen lassen.

Das Fruchtfleisch aus den Schalen kratzen, mit dem Ziegenfrischkäse pürieren. Aus der Mitte der Limette zwei Scheiben schneiden, aus dem Rest 1–2 TL Saft auspressen.

Das Püree mit Limettensaft, Curry, Salz und Pfeffer pikant abschmecken. Mit dem Schwarzkümmel bestreuen, mit den Limettenscheiben dekorieren.

GELBER PAPRIKACURRYDIP

900 g gelbe Paprikaschoten (Peperoni)
1 ½ EL Apfeldicksaft
40 g Haselnussmus (Bioladen)
2–3 TL Orangeningwercurry (S. 16)
Meersalz
schwarzer Pfeffer aus der Mühle
Cayenne
Muskatnuss
2 Stiele Orangenthymian

Backofen auf 220 °C (200 °C Umluft) vorheizen. Paprikaschoten vierteln, putzen, mit der Schnittfläche nach unten auf ein Backblech mit Backpapier legen. Grillfunktion zuschalten, Paprika 12–15 Minuten grillen, bis die Haut dunkel ist und Blasen bildet.

Aus dem Ofen nehmen, mit einem feuchten Handtuch bedecken. 10 Minuten abkühlen lassen, danach die Haut abziehen.

Paprikastücke und Apfeldicksaft mit dem Stabmixer pürieren. Haselnussmus unterrühren. Mit Curry, Salz, Pfeffer, Cayenne und Muskatnuss abschmecken.

Thymianblättchen abstreifen, hacken und unter den Dip mischen.

GUACAMOLE MIT THAICURRY

2 reife Avocados
1 EL Zitronensaft
100 g saure Sahne/Rahm
2–3 TL grüne Thaicurrypaste
(S. 19 oder Fertigprodukt)
1 Prise Zucker
Meersalz
1 grüne Chilischote
½ Bund Koriandergrün

Avocados halbieren, Fruchtfleisch herauslösen, mit der Gabel fein zerdrücken. Mit Zitronensaft beträufeln, mit der sauren Sahne und der Currypaste verrühren, mit Zucker und Salz abschmecken.

Die Chilischote putzen, entkernen und fein würfeln.

Die Korianderblättchen hacken. Beides unter die Guacamole mischen. Einige ganze Blättchen darüber streuen.

CURRYFLADENBROT

1 Würfel frische Hefe (40 g)
2 TL Zucker
300 ml lauwarme Milch
75 g Butter
500 g Mehl, Typ 405
1 ½ EL Currypulver nach Geschmack
1 EL Salz

Abbildung siehe Seite 57

Die Hefe zerbröseln, mit Zucker und der lauwarmen Milch mischen. 10 Minuten an einem warmen Ort stehen lassen, bis die Mischung Blasen wirft.

Butter schmelzen. Mehl mit Curry und Salz in einer Schüssel mischen. Hefe-Milch in die Mitte geben, mit einem Löffel verrühren, ⅓ der Butter zugeben, dann in 6–8 Minuten zu einem glatten Teig verkneten. Zu einer Kugel formen, zugedeckt an einem warmen Ort etwa 1 Stunde gehen lassen, bis sich das Volumen verdoppelt hat.

Backofen auf 200 °C vorheizen. Den Teig in 8 Portionen teilen, jede Portion zu einer Kugel formen und diese zu einem 1 cm dicken Fladen ausrollen (evtl. mit Mehlhilfe). Jeweils vier Fladen auf ein mit Backpapier ausgelegtes Blech legen und 10–15 Minuten backen. Dabei gelegentlich wenden und mit der restlichen Butter einpinseln. Die fertigen Fladen sofort servieren oder in Alufolie warm halten.

VARIANTEN

Mit Mandeln: 80 g geschälte Mandeln hacken und in einer Pfanne ohne Fett goldgelb rösten. Unter den fertigen Teig kneten und diesen dann zu Fladen ausrollen.

Mit Sesam: 50 g Sesam und 30 g Schwarzkümmel mischen und unter den Teig kneten.

BANANENERDNUSSDIP
MIT ERDNUSSCRUNCHY

2 große reife Bananen
1 Knoblauchzehe
100 g Erdnussmus, cremig
2 ½ EL Reisessig
1 EL Safrancurry (S. 16)
oder Orangeningwercurry (S. 16)
Salz
90 ml Orangensaft

BANANENERDNUSSDIP
Bananen schälen und mit der Gabel zerdrücken, Knoblauch schälen und fein würfeln. Mit den restlichen Zutaten in einen Becher geben, mit dem Stabmixer fein pürieren.

TIPP
Der Dip passt allein oder mit dem Erdnusscrunchy perfekt zu Gemüsesticks oder als Topping auf Möhrenrohkost sowie auf Krautsalat.

VARIANTE
Mit Joghurt, saurer Sahne oder Kokosmilch zu einem etwas flüssigeren Dressing für Blattsalate mixen.

100 g Erdnusskerne, geröstet und gesalzen
2 TL brauner Zucker
2 TL Limettencurry (S. 14)
1 TL Chiliflakes

ERDNUSSCRUNCHY
Die Erdnusskerne im Blitzhacker zu grobem „Grieß" zerkleinern. Mit Zucker, Curry und Chili vermischen.

AUF FOLGENDE GERICHTE PASST ERDNUSSCRUNCHY AUCH: GEDÄMPFTES GEMÜSE, REIS, CURRY-CREMESUPPE MIT STECKRÜBE/BODEN-KOHLRABI UND BANANEN (SEITE 51) ODER COLE SLAW (SEITE 56)

CURRYHUMMUS MIT APFEL
UND PAPPADAMSPRINKLE

1 Dose Kichererbsen (250 g Abtropfgewicht)
1 Knoblauchzehe
30 g weißes Tahini
100 ml Gemüsebrühe
1 ½ TL aromatisch-würziges Curry (S. 16)
oder scharfes Curry (S. 14)
Meersalz
1 Apfel
1 kleiner Stiel Rosmarin
1 ½ EL Öl
½ TL Cuminsamen (Kreuzkümmelsamen)
1 TL brauner Zucker

2 EL Pflanzenöl
1 TL Cuminsamen (Kreuzkümmelsamen)
1 EL weiße Sesamsaat
3 Pappadams (indischer Lebensmittelhandel)

DAZU PASST DAS PAPPADAMSPRINKLE AUCH:
LINSEN ODER AUBERGINENDIP MIT LIMETTEN-
CURRY (SEITE 38)

CURRYHUMMUS MIT APFEL

Kichererbsen auf ein Sieb schütten, gründlich abspülen, in einen Mixbecher geben. Knoblauch fein hacken, mit dem Tahini und der Brühe zu den Kichererbsen geben, mit dem Stabmixer fein pürieren, mit Curry und Salz abschmecken.

Den Apfel schälen und sehr klein würfeln. Rosmarinnadeln abzupfen und sehr fein hacken. Cumin im Öl erhitzen, bis es duftet, Apfel und Rosmarin dazugeben und einige Minuten dünsten. Mit Zucker bestreuen. Etwas abkühlen lassen und unter das Hummus mischen.

PAPPADAMSPRINKLE

Das Öl erhitzen, Cumin und Sesam anrösten, bis die Samen anfangen zu knistern. Pappadams in sehr kleine Stückchen brechen und 1 Minute unter Rühren in dem heißen Öl mitbraten.

Auf Küchenpapier entfetten und abkühlen lassen. Direkt vor dem Servieren über das Hummus streuen.

HÄHNCHENWRAPS
MIT LIMETTENCURRYMAYONNAISE UND SCHNELLEM MANGOCHILIDIP

1 Ei
2 TL Dijonsenf
1 TL Aceto Balsamico bianco
Salz
150 ml Distelöl
1 unbehandelte Limette
2 TL Limettencurry (S.14)

200 ml Mangopulpe (fertiges Mangopüree)
100 ml süße Chilisauce
2 EL Reisessig
1 Bund Koriandergrün

2 Hähnchenbrustfilets à 150 g
2 TL Pflanzenöl
Salz, schwarzer Pfeffer aus der Mühle
1 große reife Mango
2 Stangen Bleich-/Stangensellerie
1 Möhre (Gelbe Rübe)
1 rote Chilischote
1 Bund Koriandergrün
8–12 runde Reispapierblätter, Ø 16 cm

DIE LIMETTENCURRYMAYONNAISE PASST AUCH ZU: GEDÄMPFTEN GARNELEN (SEITE 103), GEMÜSESTICKS, SANDWICHES UND SALATEN

LIMETTENCURRYMAYONNAISE
Ei, Senf, Essig und etwas Salz in einen hohen Mixbecher geben, mit dem Stabmixer pürieren. Während des Mixens tropfenweise das Öl zugeben. Sobald sich eine stabile Emulsion gebildet hat, das Öl in dünnem Strahl zugießen.

Die Limette heiß waschen, die Schale fein abreiben, zwei Teelöffel Saft auspressen. Die Mayonnaise mit Curry, Limettensaft sowie -schale und etwas Salz abschmecken.

SCHNELLER MANGOCHILIDIP
Mangopüree mit Chilisauce und Reisessig verrühren. Koriandergrün abbrausen, fein hacken und untermischen.

HÄHNCHENWRAPS
Den Backofen auf 160 °C Umluft vorheizen. Hähnchenfilets putzen, im Öl goldgelb anbraten, salzen und pfeffern. Im Ofen in etwa 12 Minuten fertig garen. Abkühlen lassen und in dünne Streifen schneiden.

Mango schälen, Fruchtfleisch in Scheiben und dann in Streifen schneiden. Sellerie putzen, entfädeln, quer halbieren, dann längs in dünne Streifen schneiden. Möhre schälen, in Juliennestreifen hobeln. Chilischote putzen, entkernen und das Fruchtfleisch klein würfeln. Koriandergrün abbrausen und grob hacken.

Reispapierblätter, eines nach dem anderen, in einen Teller mit kaltem Wasser legen, bis sie weich sind. Auf Küchenpapier legen und trocken tupfen. Fleisch, Gemüsestreifen, Chili und Koriandergrün in die Mitte setzen, darauf einige kleine Kleckse Limettencurrymayonnaise geben. Das Reispapier erst von der dem Körper zugewandten Seite, dann von den Seiten einschlagen; zusammenrollen und mit der „Naht" nach unten auf eine Platte setzen. Die restlichen Teigblätter entsprechend einweichen, füllen und aufrollen. Bis zum Verzehr mit Klarsichtfolie zugedeckt im Kühlschrank aufbewahren. Mit dem Dip servieren.

VARIANTE
Anstelle der Reisblätter dünne Fladenbrote verwenden.

PUTENSTREIFEN IN ERDNUSSCURRYKRUSTE
MIT APRIKOSENCURRYDIP

100 g Aprikosenaufstrich
3 EL Orangensaft
2 EL süße Chilisauce
1 EL Reisessig
1 TL Orangeningwercurry (S.16)

APRIKOSENCURRYDIP
Den Aprikosenaufstrich mit Orangensaft, Chilisauce, Reisessig und Curry glatt rühren. Schmeckt kalt als Dip oder warm als Sauce.

VARIANTE
Den Aprikosenaufstrich durch Mangopüree und den Reisessig durch Limettensaft ersetzen.

500 g Putenbrustfilet
2 EL Limettensaft
Salz
100 g geröstete Erdnusskerne
1 TL Rohrzucker
2 TL scharfes Curry (S.14)
3 EL Öl

PUTENSTREIFEN IN ERDNUSSCURRYKRUSTE
Putenbrustfilet in 1–1 ½ cm dicke Streifen schneiden. Eventuell zwischen Klarsichtfolie legen und flach klopfen.

Die Streifen mit Limettensaft einreiben, etwas salzen und zugedeckt im Kühlschrank 20 Minuten marinieren.

Erdnusskerne im Blitzhacker nicht ganz fein zerkleinern, mit Zucker und Curry mischen, in einen Suppenteller geben. Das Öl in einen zweiten Suppenteller gießen. Backofengrill auf 200 °C vorheizen.

Fleischstreifen trocken tupfen, erst durch das Öl ziehen, überschüssiges Öl dabei abstreifen. Anschließend mit der Erdnussmischung panieren.

Panierte Streifen von jeder Seite etwa 3 Minuten grillen. Heiß mit dem kalten Dip servieren.

ZUCCHINISUPPE MIT MINZE
UND CURRYKÄSESTANGEN

600 g kleine Zucchini
150 g mehlig kochende Kartoffeln
2 Schalotten
1 Knoblauchzehe
2 EL Pflanzenöl
20 g Butter
2 TL Minzcurry (S. 16)
400 ml Gemüsebrühe
400 ml Milch
Salz
½ Limette
100 ml Sahne/Rahm
4 kleine Stängel Minze, nach Geschmack, z. B. Apfelminze oder Marokkanische Minze

ZUCCHINISUPPE MIT MINZE
Zucchini putzen, in Scheiben schneiden, Kartoffeln schälen und würfeln. Schalotten und Knoblauch schälen und fein würfeln.

Schalotten und Knoblauch in Öl und Butter andünsten, Curry darüberstäuben, Kartoffeln zugeben, 5 Minuten unter Rühren schmoren.

Zucchini zugeben, weitere 2 Minuten schmoren. Mit Brühe ablöschen, aufkochen, Hitze reduzieren, zugedeckt etwa 6 Minuten köcheln lassen, bis die Kartoffeln weich und die Zucchini knapp gar sind.

Mit dem Stabmixer pürieren, dabei nach und nach die Milch zugeben. Erhitzen, aber nicht mehr kochen. Mit Salz, etwas Limettensaft und Minzcurry abschmecken.

Sahne mit einer Prise Salz steif schlagen. Minze abbrausen. Suppe in Schalen verteilen und auf jede Portion einen Klecks Sahne setzen, mit Minzeblättchen dekorieren.

125 g Weizenmehl, Typ 405
und zum Ausrollen
4 TL aromatisch-würziges Curry (S. 16)
oder rot-scharfes Curry (S. 14)
½ TL Salz
125 g Butter
125 g würziger Käse, z. B. Bergkäse, alter Gouda oder Greyerzer
2 Eigelb
2 EL Milch

Zum Bestreuen:
Mohnsamen, Kümmel,
Cumin (Kreuzkümmel),
Sesam, Schwarzkümmel,
Mandelblättchen,
gehackte Macadamianüsse

CURRYKÄSESTANGEN
Mehl mit Curry und Salz mischen. Kalte Butter unter das Mehl schneiden. Käse reiben. Alles zu einem glatten Teig verkneten, zur Kugel rollen und in Frischhaltefolie mindestens 1 Stunde in den Kühlschrank stellen.

Backofen auf 175 °C (Umluft) vorheizen. Arbeitsfläche mit Mehl bestäuben. Teig ca. 3 mm dick ausrollen und mit dem Zackenrädchen in 1,5 x 10 cm Streifen schneiden oder runde Plätzchen ausstechen. Auf ein mit Backpapier ausgelegtes Blech legen.

Eigelb mit Milch verrühren, Käsestangen damit bestreichen und mit gehackten Nüssen, Samen oder Gewürzen bestreuen. In 12–15 Minuten goldgelb backen.

In einer Blechdose zwischen Lagen aus Backpapier aufbewahren und innerhalb von 2 Wochen aufbrauchen.

KÜRBISCURRYSUPPE MIT KAKIS
UND KOKOSCREME

120 g Zwiebel
1 EL Pflanzenöl
1 mittelgroßer Kürbis
(Hokkaido oder Butternut)
2–3 TL Safrancurry (S. 16)
oder scharfes Curry (S. 14)
1–2 Kakifrüchte (zusammen 300 g)
400 ml Gemüsebrühe
1 unbehandelte Zitrone
Salz
schwarzer Pfeffer aus der Mühle
400 ml Kokosmilch, nicht geschüttelt

Die Zwiebeln schälen und hacken. Den Kürbis vierteln und entkernen. Butternut schälen, bei Hokkaido kann die Schale mitverwendet werden. Die Viertel klein schneiden. Kakifrüchte schälen und klein schneiden.

Zwiebeln im Öl glasig dünsten, Kürbis- und Kakistücke zugeben und etwa 3 Minuten unter Rühren andünsten. Mit Curry bestäuben, mit der Brühe ablöschen. Aufkochen, Hitze reduzieren, 15–20 Minuten köcheln lassen.

Wenn der Kürbis weich ist, mit dem Stabmixer fein pürieren. Die Zitrone heiß waschen und trocken reiben, die Schale mit dem Zestenreißer abziehen, 2–3 TL Saft auspressen.

Die Suppe mit Salz, Pfeffer und Zitronensaft abschmecken. Von der Kokosmilch den dicken Rahm abnehmen, restliche Milch zur Suppe geben und heiß werden lassen, aber nicht mehr kochen.

Die Suppe anrichten, auf jede Portion einen Klecks dicke Kokoscreme setzen, darauf einige Zitronenzesten streuen.

TIPP
Anstelle der Zitronenzesten die Suppe mit dem grünen Korianderkokoschutney (S. 36) bestreuen.

VARIANTE
Den Kürbis durch Möhren ersetzen und anstelle der Kakifrüchte frische oder eingeweichte getrocknete Aprikosen verwenden. Mit Limettensaft säuern.

SCHNELLE TOMATENCURRYSUPPE

1 EL Pflanzenöl
2 EL rote Thaicurrypaste (S. 19)
2 EL Tomatenmark
800 g gestückelte Tomaten (Dose)
400 ml Kokosmilch, nicht geschüttelt
Salz
1–2 TL Zucker
4 Stiele Koriandergrün

Das Öl erhitzen, Thaicurrypaste und Tomatenmark 2 Minuten unter Rühren anrösten, bis es duftet, mit den Tomatenstückchen ablöschen.

Von der Kokosmilch etwa 100 ml von dem (oben in der Dose befindlichen) dickeren „Rahm" abnehmen und beiseitestellen. Restliche Kokosmilch zur Suppe geben, 5 Minuten köcheln lassen. Mit dem Stabmixer pürieren, mit Salz und Zucker abschmecken.

Suppe in Schalen füllen, auf jede Portion etwas von der dickeren Kokosmilch tropfen, mit Korianderblättchen garnieren.

CURRYSUPPE MIT ROTER BETE/RANDEN
UND CURRYCROÛTONS

120 g Zwiebeln
2 EL Pflanzenöl
300 g Äpfel
350 g Rote Bete/Randen (vorgegart)
3 TL rote Thaicurrypaste (S. 19)
400 ml Apfelsaft
300 ml Gemüsebrühe
200 ml Kokosmilch
Salz

CURRYSUPPE MIT ROTER BETE/RANDEN

Zwiebeln würfeln, im Öl glasig dünsten. Äpfel schälen, klein schneiden und mit den Zwiebeln weich schmoren.

Rote Bete/Randen klein schneiden, Stielansätze dabei entfernen, mit der Currypaste zu den Äpfeln geben.

Apfelsaft angießen, aufkochen, 5–10 Minuten köcheln, dann mit dem Stabmixer pürieren.

Gemüsebrühe und Kokosmilch zugeben, erhitzen, mit Salz abschmecken.

3 Scheiben Toastbrot
2 TL Öl, 30 g Butter
Salz
½ TL Currypulver nach Geschmack

CURRYCROÛTONS

Toastbrot entrinden und klein würfeln. Öl und Butter schmelzen, Brotwürfel darin goldgelb braten. Auf Küchenpapier entfetten. Salzen und mit Currypulver bestäuben.

CURRYCREMESUPPE
MIT STECKRÜBE/BODENKOHLRABI UND BANANE

100 g Zwiebeln
350 g Steckrübe/Bodenkohlrabi (Kohlrübe)
100 g Möhre/Gelbe Rübe
150 g mehlig kochende Kartoffeln
1 mittelgroße Banane
2 EL Pflanzenöl
1 TL brauner Zucker
2–3 TL Safrancurry (S. 16)
500 ml Gemüsebrühe
200 ml Milch
30 g Mandelblättchen
1 unbehandelte Zitrone
½ Bund Koriandergrün
100 ml Sahne/Rahm

Zwiebeln schälen und würfeln, im Öl glasig andünsten. Steckrübe und Möhre schälen, grob würfeln und 3 Minuten mit den Zwiebeln andünsten. Mit Zucker und 2 TL Curry bestreuen, anrösten, mit Brühe ablöschen und aufkochen.

Kartoffeln und Banane schälen, klein schneiden und in die Brühe geben. Alles in 20–25 Minuten weich kochen. Mit dem Stabmixer pürieren, Milch zugeben, erhitzen.

Mandelblättchen ohne Fett goldgelb rösten. Zitrone heiß waschen, 1 TL Schale abreiben, 3 TL Saft auspressen. Koriandergrün abbrausen, die Blättchen hacken. Sahne mit 1 Prise Salz halbsteif schlagen.

Suppe mit Salz, Zitronensaft, Zitronenschale und Safrancurry abschmecken. In jede Portion etwas Sahne spiralförmig einrühren, mit Mandelblättchen und Koriandergrün bestreuen.

VARIANTE
Suppe mit Kürbis, Ingwer, Orangensaft und Orangeningwercurry (S. 16) zubereiten.

KLARE RINDERBRÜHE
MIT CURRYEIERSTICH

2 kg Beinscheiben vom Rind
Salz
1 kleines Bund Suppengrün
(Möhre/Gelbe Rübe, Sellerie,
Petersilienwurzel, Blattpetersilie)
2 Knoblauchzehen
1 Zwiebel
2 Lorbeerblätter
1 TL schwarze Pfefferkörner
3 Pimentkörner
2 Gewürznelken
100 g mageres Rindfleisch
1 Eiweiß

KLARE RINDERBRÜHE
Die Beinscheiben kalt abspülen, in einen großen Topf legen, mit kaltem Wasser bedecken. Aufkochen, salzen, etwa 1 Stunde leicht köcheln lassen.

Das Suppengrün putzen, waschen und grob zerkleinern. Knoblauch schälen und halbieren. Die Zwiebel mit der Schale quer halbieren, in einer beschichteten Pfanne ohne Fett rösten, bis sich die Schnittflächen dunkel färben. Alles zum Fleisch geben, mit so viel Wasser auffüllen, dass die Einlagen bedeckt sind. Eine weitere Stunde leicht köcheln. Durch ein Sieb gießen und mit Salz abschmecken. Abkühlen lassen und evtl. entfetten.

Um die Brühe zu klären, das magere Fleisch im Blitzhacker zerkleinern und mit dem Eiweiß vermischen. Mit der kalten Brühe in einen Topf geben und langsam zum Kochen bringen, dabei ab und zu umrühren. 1–2 Minuten kräftig kochen lassen, dann von der Herdplatte nehmen und 30 Minuten ziehen lassen.

Die somit gebundenen Trübstoffe vorsichtig mit einer Schöpfkelle entfernen, die Brühe eventuell durch ein Tuch passieren.

2 Eier
90 ml Milch oder Sahne/Rahm
Salz
1 TL Safrancurry (S. 16)
oder Currypulver nach Geschmack
Fett für die Form

CURRYEIERSTICH
Eier mit Milch oder Sahne verquirlen, mit Salz und Curry würzen. Eine kleine flache Form ausfetten, Eiermasse hineingeben und mit Alufolie verschließen. In einen Kochtopf mit kochendem Wasser (Bain-Marie) stellen, zugedeckt ca. 30 Minuten pochieren, bis die Masse fest ist. Stürzen, abkühlen und in Würfel schneiden.

ANRICHTEN
Die Brühe bis kurz vor den Siedepunkt erhitzen. Eierstichwürfel in Suppentassen legen, mit der heißen Brühe begießen. Nach Belieben mit gehackter Petersilie, Kerbel oder etwas Estragon bestreuen. Dazu passen die Currykäsestangen (S. 47).

TIPP
Von der Brühe am Vortag die doppelte Menge herstellen. Was nicht benötigt wird, kann eingefroren oder für andere Gerichte wie Tafelspitz und den Curryjus verwendet werden.

GLASNUDELSALAT MIT GEMÜSE
UND MANGOCURRYDRESSING

100 g Glasnudeln
1 mittelgroße Möhre
1 kleiner fester Zucchino
2 Stangen Sellerie
4 Frühlingszwiebeln
1 rote Chilischote
2 kleine reife Mangos, z. B. Alphonso
1 Kästchen Daikonkresse
1 ½ EL Ahornsirup
1 ½ EL Reisessig
2 TL Orangeningwercurry (S.16)
oder scharfes Curry (S.14)
Meersalz

Die Glasnudeln nach Packungsangabe zubereiten, kalt abbrausen, abtropfen lassen und mit der Schere klein schneiden.

Die Möhre schälen und in feinste Stifte oder Juliennestreifen hobeln. Zucchino waschen und mit Schale ebenfalls in feinste Stifte hobeln.

Sellerie putzen, entfädeln und quer in hauchdünne Scheiben schneiden. Die Frühlingszwiebeln putzen und in dünne Ringe schneiden. Die Chilischote waschen, in dünnste Ringe schneiden, die Kerne dabei entfernen. Die Kresse vom Beet schneiden, abbrausen und trocken tupfen.

Die Mangos schälen, vom Stein schneiden und grob würfeln. Mit dem Stabmixer pürieren und evtl. durch ein Sieb streichen. Das Mangopüree mit Ahornsirup, Essig, Curry und wenig Salz verrühren.

Glasnudeln und Gemüse mischen, das Mangodressing darüberlöffeln. Mit der Kresse bestreuen.

ROTKOHL-/ROTKABISSALAT MIT MANGO
UND PIKANTER ORANGENVINAIGRETTE

250 ml Orangensaft
Salz
1 ½ TL rote Thaicurrypaste (S. 19)
1 EL Reisessig
3 EL Distelöl

400 g Rotkohl/Rotkabis
½ EL Salz
½ EL Zucker
1 Mango (ca. 400 g)
30 g Kokoschips (Fertigprodukt aus dem Asia Shop)
½ Bund Koriandergrün

ORANGENVINAIGRETTE
Den Orangensaft auf etwa 80 ml einkochen und etwas abkühlen lassen. Salz, Thaicurrypaste und Essig darin verrühren. Zum Schluss das Öl unterschlagen.

ROTKOHL-/ROTKABISSALAT MIT MANGO
Rotkohl ohne Strunk auf einer „Mandoline" millimeterfein hobeln, mit Salz und Zucker mischen. Kräftig durchkneten, um ihn „weicher" zu machen.

Die Mango schälen, entkernen, das Fruchtfleisch in streichholzdünne Streifen schneiden und mit dem Rotkohl mischen.

VARIANTE
Den Rotkohl/Rotkabis durch geraspelte Möhren/Gelbe Rüben ersetzen.

FERTIGSTELLEN
Den Salat mit der Vinaigrette begießen, gut mischen und mindestens 2 Stunden durchziehen lassen.

Mit Kokoschips und Korianderblättchen bestreuen.

COLE SLAW
MIT KOKOSCURRYVINAIGRETTE

2 EL Limettensaft
2 TL brauner Zucker
Salz
2 TL Dijonsenf
2–3 TL Orangeningwercurry (S. 16)
2 EL Distelöl
50 ml Orangensaft
150 ml Kokosmilch
schwarzer Pfeffer aus der Mühle

500 g Weißkohl/Weißkabis
2 TL Salz
150 g Möhren/Gelbe Rüben
¼ frische Ananas (200 g)
4 schlanke Frühlingszwiebeln
30 g Kürbiskerne

KOKOSCURRYVINAIGRETTE
Limettensaft mit Zucker und Salz verrühren, bis beides sich gelöst hat. Senf und Curry dazurühren, Öl unterschlagen.

Mit Orangensaft und Kokosmilch mischen, wenig Pfeffer darübermahlen.

COLE SLAW
Den Kohl auf einer „Mandoline" millimeterfein hobeln, grobe Blattansätze und den Strunk weglassen. Kohl mit Salz verkneten, bis er etwas glasig und weich wird.

Die Möhren schälen und in Juliennestreifen hobeln, mit dem Kohl mischen. Mit der Vinaigrette mischen und mindestens 2 Stunden ziehen lassen.

Vor dem Servieren die Ananas in winzige Würfel oder Streifen schneiden, die Frühlingszwiebeln putzen und in millimeterdünne Ringe schneiden. Mit dem Salat mischen. Die Kürbiskerne ohne Fett rösten und über den Salat streuen. Dazu Curryfladenbrot servieren, Rezept Seite 39.

VARIANTE
Die Vinaigrette durch eine Mischung aus Limettencurrymayonnaise (S. 43) und Crème fraîche oder Joghurt ersetzen.

SELLERIESALAT
MIT CURRYVINAIGRETTE UND PARANÜSSEN

1 EL Akazienhonig
1 TL Dijonsenf
1–1 ½ TL scharfes Curry (S. 14)
Meersalz
schwarzer Pfeffer aus der Mühle
2 EL Orangensaft
1 EL Aceto Balsamico bianco
oder Apfelbalsamessig
3 EL Distelöl
2 EL Mandelöl

600 g Knollensellerie
2 Stangen Bleich-/Staudensellerie
1 große feste Birne, z. B. Abate Fetel (250 g)
8–10 Para-/Brasilnusskerne

CURRYVINAIGRETTE
Honig, Senf und Currypulver mischen, Salz, Pfeffer, Orangensaft und Essig einrühren.

Nach und nach die Öle unterschlagen.

SELLERIESALAT
Den Knollensellerie schälen, faserige oder weiche Teile entfernen. Auf einem Julienne-Hobel in winzige Streifen hobeln, sofort mit der Vinaigrette mischen.

Die Birne mit der Schale ebenfalls in Juliennestreifen hobeln. Stangensellerie entfädeln und in millimeterdünne Scheibchen schneiden. Alles gründlich mischen.

Von den Nusskernen mit dem Sparschäler feine „Locken" abziehen oder in der Nussmühle grob raspeln und über den Salat streuen.

GURKENSALAT MIT AVOCADO
UND MINZCURRYDRESSING

1 Salatgurke
Meersalz
200 g Crème fraîche (24 % Fett)
1 ½ TL Minzcurry (S.16)
grüner Pfeffer aus der Mühle
2 Stiele Minze
2 EL grüne Pistazienkerne
1 große reife Avocado
1 EL Limettensaft

Die Gurke schälen, längs halbieren, die Kerne mit einem Löffel herauskratzen. Das Fruchtfleisch 1 cm klein würfeln, leicht salzen.

Crème fraîche mit Minzcurry verrühren, mit Salz und Pfeffer abschmecken. Minze abbrausen und trocken tupfen. Die Blättchen hacken, einige ganz lassen. Die Pistazien hacken.

Avocado halbieren, entkernen, aus der Schale lösen. In 1 cm große Würfel schneiden, sofort mit dem Limettensaft beträufeln.

Gurken- und Avocadowürfel mit dem Dressing und den gehackten Minzeblättchen mischen. Mit den Pistazien bestreuen, mit den ganzen Minzeblättchen dekorieren.

VARIANTE
Anstelle der Gurke 200 g Zuckerschoten putzen, schräg halbieren, über Dampf knapp garen und eiskalt abschrecken.

HAUPTGERICHTE VEGETARISCH

SCHARFE CURRYKÜRBISRÖSTI
UND CURRYSCHAUM MIT ZIEGENFRISCHKÄSE

150 g Ziegenfrischkäse
1 TL Orangeningwercurry (S. 16)
100 ml Sahne/Rahm

CURRYSCHAUM MIT ZIEGENFRISCHKÄSE
Den Ziegenfrischkäse mit dem Curry mit dem Schneebesen glatt rühren. Sahne steif schlagen, etwa ¼ davon unter den Frischkäse rühren, den Rest vorsichtig unterheben und gut vermengen. Mit einer Prise Curry bestäuben.

1 kleiner Kürbis, z. B. Butternut oder Hokkaido
500 g Kartoffeln
Salz
150 g Zwiebeln
4 EL Distel- oder Rapsöl
3 EL weiße Sesamsamen
4 EL Weißmehl
2–3 TL rot-scharfes Curry (S. 14) oder scharfes Curry (S. 14)
Cayenne, nach Belieben
schwarzer Pfeffer aus der Mühle
2 Eier
3 EL feiner Weizengrieß oder Semmelbrösel

SCHARFE CURRYKÜRBISRÖSTI
Den Kürbis schälen (bei Hokkaido nicht nötig), halbieren, entkernen und in Stücke schneiden. Kartoffeln schälen und halbieren. Beides grob raspeln, mit 1 ½ TL Salz mischen, 15 Minuten stehen lassen.

Zwiebeln schälen, längs halbieren, in dünne Halbscheiben schneiden und in 1 EL Öl glasig dünsten. Sesam in einer Pfanne ohne Fett goldgelb rösten.

Mit Küchenpapier die Feuchtigkeit aus den Kürbis- und Kartoffelraspeln drücken. Zwiebeln und Sesam untermischen. Mehl mit Curry, Cayenne, Pfeffer und etwas Salz vermischen.

Eier verquirlen und mit dem Würzmehl glatt verrühren. Diese Mischung mit dem Gemüse vermischen. So viel Grieß oder Semmelbrösel zugeben, dass die Masse nicht zu feucht ist.

Etwas Öl in einer beschichteten Pfanne erhitzen. Die Rösti in Portionen braten. Dazu für jede Rösti 1 EL Masse abnehmen, in die Pfanne setzen, etwas flachdrücken und bei guter Mittelhitze von beiden Seiten in 5–7 Minuten goldgelb und knusprig braten. Auf Küchenpapier entfetten. Fertige Rösti warm halten, bis alle gebraten sind.

1 Salatgurke
Salz
1 Kästchen Daikonkresse

ANRICHTEN
Die Gurke schälen, in Scheiben hobeln und leicht salzen. Kresse abschneiden, in einem Sieb abspülen und trocken tupfen. Die Rösti auf vorgewärmten Tellern verteilen, mit Gurkenscheiben und Ziegenfrischkäseschaum anrichten, mit der Kresse bestreuen.

TIPP
Für ein dekoratives Fingerfood die Rösti nur in Teelöffelportionen braten. Jeweils auf eine Gurkenscheibe einen Klecks Frischkäseschaum, darauf eine Minirösti und nochmals etwas Frischkäseschaum setzen. Mit Curry bestäuben und mit Kresse dekorieren.

MÖHRENCURRYQUICHE
MIT LIMETTENCURRYKORIANDERDIP

250 g Weizenmehl, Typ 405
½ TL Salz
2 TL Garam Masala (S. 14)
oder Orangeningwercurry (S. 16)
1 EL Wasser, 1 Ei
125 g kalte Butter

MÜRBETEIG
Das Mehl in einer Schüssel mit Salz und Curry mischen. Eine Mulde in die Mitte drücken, Wasser, Ei und Butter in Flöckchen hineingeben. Alles rasch zu einem glatten Teig arbeiten. Zu einer Kugel formen, in Frischhaltefolie wickeln, mindestens 1 Stunde im Kühlschrank ruhen lassen.

600 g Möhren/Gelbe Rüben
30 g frischer Ingwer
30 g Butter
1 EL Ahornsirup
Salz
grüner Pfeffer aus der Mühle
200 ml Sahne/Rahm
100 ml Milch
3 Eier
2 TL Orangeningwercurry (S. 16)
1 Bund glatte Petersilie
40 g Mandelblättchen

BELAG
Die Möhren schälen, längs vierteln und schräg in 2 cm lange Stücke schneiden. Ingwer reiben. Butter erhitzen, bis sie schäumt, Ingwer mit Ahornsirup kurz andünsten, Möhren zugeben, unter Rühren 3–4 Minuten karamellisieren lassen, anschließend salzen und pfeffern, abkühlen lassen.

Den Backofen auf 200 °C (180 °C Umluft) vorheizen. Sahne, Milch, Eier und Curry verquirlen, salzen und pfeffern. Petersilie hacken und untermischen.

Den Teig ausrollen, eine Quicheform (26 cm Ø) etwas buttern und mit dem Teig auskleiden.

Möhren hineingeben und Sahnemischung darübergießen. Im vorgeheizten Ofen etwa 40 Minuten backen. Nach der Hälfte der Zeit die Mandelblättchen über die Quiche streuen. In Tortenstücke teilen und heiß mit dem kühlen Dip servieren:

1 Becher Joghurt (175 g, 3,5 % Fett)
1 Becher Crème fraîche (200 g)
Meersalz
2 TL Limettencurry (S. 14)
1 TL Zucker
1 Bund Koriandergrün
½ TL getrocknete grüne Pfefferkörner

LIMETTENCURRYKORIANDERDIP
Joghurt und Crème fraîche mit Salz, Curry und Zucker glatt rühren. Koriandergrün fein hacken und untermischen. Pfefferkörner grob zerstoßen und darüberstreuen.

DAZU PASST DER LIMETTENCURRY-
KORIANDERDIP AUCH:
GEBACKENE KARTOFFELN, SÜSSKARTOFFELN,
ROTE BETE/RANDEN, TAFELSPITZ (SEITE 92)
ODER CURRYPILAF MIT LAMM UND APRIKOSEN
(SEITE 86)

VARIANTE
ZWIEBELCURRYQUICHE
Den Teig mit aromatisch-würzigem Curry (S. 16) würzen. Teigplatte wie oben beschrieben in die Form legen. 1 kg Zwiebeln in dünne Halbringe schneiden, in wenig Öl glasig dünsten. Mit 150 g fein gewürfeltem Schinkenspeck und 1–2 TL Kümmel mischen und in die Form füllen. Die Eiermilch ebenfalls mit aromatisch-würzigem Curry abschmecken und mit Schnittlauchröllchen mischen; über die Quiche gießen und wie oben backen.

CURRYOMELETT MIT FRISCHKÄSE

8 Eier
200 g Frischkäse (16 % Fett)
4 TL rot-scharfes Curry (S. 14)
Salz
2 EL Pflanzenöl
20 g Butter
60 g Parmesan, frisch gerieben

Die Eier trennen. Eigelb mit Frischkäse, Curry und Salz glatt rühren. Die Eiweiß mit der Gabel locker verschlagen, unter die Eigelbmasse mischen.

In zwei gleich großen beschichteten Pfannen je 1 EL Öl und 10 g Butter erhitzen. Jeweils die Hälfte der Eimasse in die Pfannen geben. Bei mittlerer Hitze stocken lassen.

Wenn die Masse an den Rändern anfängt fest zu werden, mit einem Holzlöffel oder ähnlichem anheben. Dabei die Pfanne leicht kippen, so dass die noch flüssige Masse darunter fließen kann. Sobald die Unterseiten fest und die Oberseiten noch etwas feucht sind, mit dem Parmesan bestreuen, auf die Hälfte zusamenklappen und sofort servieren.

BAKED POTATOES
MIT INDISCHER CRÈME FRÂICHE

4 große mehlig kochende Kartoffeln
à ca. 250 g
200 g Crème fraîche
200 g Sahnequark
2–3 TL indische Currypaste (Fertigprodukt)
Salz
schwarzer Pfeffer aus der Mühle
½ Bund glatte Petersilie

Backofen auf 220 °C (200 °C Umluft) vorheizen. Die Kartoffeln waschen, mehrfach mit der Gabel einstechen, locker in Alufolie einschlagen. Im vorgeheizten Ofen in 60–70 Minuten garen.

Crème fraîche mit Quark und Currypaste glatt rühren, salzen und pfeffern. Petersilie abbrausen, trocken tupfen und hacken.

Kartoffeln aus der Folie nehmen, kreuzweise einschneiden und etwas auseinanderdrücken, ein wenig von der gewürzten Crème fraîche hineinsetzen, mit Petersilie bestreuen.

AUBERGINENPIZZA MIT ZIEGENFRISCHKÄSE
UND SAFRANCURRYPARMESANCREME

300 g Weizenmehl, Typ 405
1 TL Salz
1 TL Safrancurry (S.16)
1 TL Trockenhefe
200 ml lauwarmes Wasser
2 EL Olivenöl

1 unbehandelte Zitrone
200 g Schmant (24%) oder Crème double
2 TL Safrancurry (S.16)
Salz
60 g Parmesan, frisch gerieben

2 kleine, feste Auberginen/Melanzane (etwa 400 g)
Salz
schwarzer Pfeffer aus der Mühle
200 g Ziegenfrischkäse oder 2 Kugeln Mozzarella
50 g Cashewkerne

TEIG
Mehl, Salz, Curry und Hefe in einer Schüssel vermischen. Mit Wasser und Öl zu einem glatten Teig kneten. Zugedeckt an einem warmen Ort 1 ½ Stunden gehen lassen.

SAFRANCURRYPARMESANCREME
Die Zitrone heiß waschen, die Schale abraspeln. Den Schmant mit Zitronenschale, Curry und etwas Salz verrühren. Zum Schluss den fein geriebenen Parmesan untermischen.

TIPP
Die Creme für sich ist schon ein köstlicher Dip oder Brotaufstrich, insbesondere in Verbindung mit Tomaten. Auch zum Überbacken von Kartoffeln oder Blumenkohl geeignet.

BELAG
Die Auberginen waschen, in 1 ½ cm dicke Scheiben schneiden und in kochendem Salzwasser 1 Minute blanchieren. Kalt abspülen, abtropfen lassen und mit Küchenpapier gut ausdrücken. Den Käse in dünne Scheiben schneiden.

FERTIGSTELLEN
Den Backofen auf 225 °C vorheizen. Den Teig ca. 1 cm dick knapp in der Größe des Backblechs ausrollen und auf das mit Backpapier ausgelegte Blech legen.

Mit der Creme bestreichen, mit den Auberginen belegen. Leicht salzen und pfeffern, mit den Cashews bestreuen. Etwa 20–25 Minuten backen.

Den Ziegenkäse nach 10 Minuten und den Mozzarella nach 15 Minuten über den Auberginen verteilen, damit er jeweils optimal schmilzt.

VARIANTE
Die Pizza mit grünem Spargel oder mit Brokkoliröschen zubereiten.

„CAROTTO" – CURRYRISOTTO MIT MÖHREN
UND GREMOLATA AUS MANDELN UND CURRY

600–700 ml Gemüsebrühe
3 Schalotten
40 g frischer Ingwer
1 EL Pflanzenöl
60 g Butter
300 g Risottoreis (Carnaroli oder Arborio)
3–4 TL Orangeningwercurry (S. 16)
100 ml Weißwein
40 ml Noilly Prat
300 g Möhren/Gelbe Rüben
1 TL brauner Zucker
Salz, schwarzer Pfeffer aus der Mühle
50 g Parmesan, frisch gerieben

60 g blanchierte Mandeln
1 Bund Petersilie
1 grüne Chilischote (Jalapeño)
1 Bio-Orange
1 TL aromatisch-würziges Curry (S. 16)
1 Prise Meersalz

CAROTTO
Brühe aufkochen und heiß halten. Schalotten und Ingwer schälen und fein würfeln. Schalotten in Öl und 20 g Butter glasig dünsten. Ingwer 2 Minuten mitdünsten, Reis dazuschütten, rühren, bis er glasig wird. Currypulver darüberstäuben, umrühren und mit Weißwein und Noilly Prat ablöschen. Köcheln, bis die Flüssigkeit nahezu verdampft ist. Immer so viel heiße Brühe zugeben, dass der Reis gerade bedeckt ist, dabei regelmäßig rühren.

Die Möhren schälen und in sehr kleine, etwa reiskorngroße Würfel schneiden. In 20 g Butter etwa 2 Minuten andünsten, mit Zucker bestreuen, etwas karamellisieren lassen, salzen und pfeffern. 5 Minuten vor Ende der Garzeit die Möhren zum Reis geben

Sobald der „Risotto alla carota" gar, aber noch etwas bissfest ist, die restliche Butter und den Parmesan unterrühren.

GREMOLATA
Die Mandeln ohne Fett goldgelb rösten. Abkühlen lassen und hacken. Petersilie grob hacken.

Chili putzen, entkernen und das Fruchtfleisch würfeln. 2 TL Orangenschale abreiben.

Alle Zutaten mit Currypulver und Salz im Blitzhacker zur Gremolata verarbeiten.

Die Gremolata über den „Carotto" streuen.

TIPP
Risotto soll nicht zu trocken sein; eventuell noch 100 ml Gemüsebrühe zusätzlich einrühren.

RAVIOLI
MIT FRISCHKÄSEFÜLLUNG UND SAFRANCURRY

100 g Mehl, Typ 405
100 g feiner Hartweizengrieß
½ TL Salz
1 ½–2 TL Safrancurry (S.16)
2 Eier

NUDELTEIG MIT SAFRANCURRY
Mehl, Grieß, Salz und Curry vermischen. Die Eier zugeben, alles zu einem Teig kneten, in Frischhaltefolie eingeschlagen für 1 Stunde in den Kühlschrank geben.

Den Teig in Portionen mit einer Nudelmaschine zu dünnen Platten auswalzen, Rondellen von ca. 7 cm Ø ausstechen.

150 g Ziegenfrischkäse
2 TL Safrancurry (S.16)
schwarzer Pfeffer aus der Mühle
4 Stiele Thymian
40 g Parmesan

FRISCHKÄSEFÜLLUNG
Frischkäse mit Curry und Pfeffer verrühren. Thymianblättchen hacken, Parmesan fein reiben, beides untermischen.

1 Eiweiß
Salz
30 g Butter
60 g Parmesan
4 Stiele Thymian

FERTIGSTELLEN
Das Eiweiß mit der Gabel leicht schlagen. Auf die Hälfte der Teigplätzchen in die Mitte einen Teelöffel Füllung setzen, drumherum mit Eiweiß bepinseln. Jeweils ein ungefülltes Teigplätzchen daraufsetzen und gut andrücken. Die fertigen Ravioli in leicht kochendem Salzwasser in 5–6 Minuten gar ziehen lassen, dann gut abtropfen lassen.

Butter schmelzen, Ravioli darin schwenken. Mit grob geriebenen Parmesanspänen und Thymianblättchen bestreut servieren.

INDISCH-ITALIENISCHE PASTA ALL'ARRABBIATA
MIT CHILITOMATENSPRINKLE

4–6 getrocknete Tomaten
2 rote Chilischoten
½ Bund glatte Petersilie
50 g Mandelstifte
1 TL rot-scharfes Curry (S.14)
oder aromatisch-würziges Curry (S.16)
Salz

CHILITOMATENSPRINKLE
Die getrockneten Tomaten fein würfeln (falls in Öl eingelegt, gut abtropfen lassen, trocken tupfen und dann hacken). Die Chilis putzen, entkernen und fein würfeln. Petersilie hacken.

Die Mandelstifte mit Curry und einer guten Prise Salz im Blitzhacker zerkleinern, die Masse soll eine Beschaffenheit wie grober Grieß haben. Tomaten, Chili und Petersilie zugeben und nochmals zerkleinern.

VARIANTE
Mandeln und Petersilie durch Cashewkerne und Koriandergrün ersetzen.

150 g Zwiebeln
2 Knoblauchzehen
4 EL Olivenöl
2 EL Tomatenmark
3–4 TL scharfes Curry (S.14)
2 TL Zucker
Salz
2 Dosen gestückelte Tomaten (à 400 ml)

400 g kurze Makkaroni oder Penne
¼ TL Kurkuma
300 g kleine Kirschtomaten am Stiel
schwarzer Pfeffer aus der Mühle
Koriandergrün nach Belieben

INDISCH-ITALIENISCHE PASTA ALL'ARRABBIATA
Zwiebeln und Knoblauch schälen und klein würfeln. Zwiebeln in 3 EL Öl glasig dünsten, Knoblauch zugeben 30 Sekunden mitdünsten. Tomatenmark zugeben, Temperatur erhöhen. Unter Rühren 1–2 Minuten braten, bis es duftet. Curry darüberstäuben, kurz anbraten, mit den Dosentomaten ablöschen. Mit Zucker und Salz würzen, sanft köcheln lassen.

Reichlich Salzwasser zum Kochen bringen. Kurkuma einrühren, Pasta nach Packungsangabe „al dente" garen. Inzwischen die Kirschtomaten waschen.

Restliches Öl erhitzen. Tomaten am Stiel darin einige Minuten braten. Größere Tomaten können auch abgezupft, halbiert oder geviertelt werden. Salzen und pfeffern.

FERTIGSTELLEN
Pasta abgießen und mit der Tomatensauce mischen. Kirschtomaten darauflegen und mit dem Sprinkle bestreuen.

WÜRZIGE CURRYNUDELN
MIT LIMETTENCURRYSAHNE

100 g Mehl, Typ 405
100 g feiner Hartweizengrieß
½ TL Salz
1 ½–2 TL aromatisch-würziges Curry (S. 16)
1 TL Schwarzkümmel
2 Eier

WÜRZIGER CURRYNUDELTEIG
Mehl, Grieß, Salz und Curry vermischen. Schwarzkümmel im Mörser zerstoßen und untermischen. Eier zugeben, alles zu einem Teig kneten, in Frischhaltefolie eingewickelt für 1 Stunde in den Kühlschrank geben.

Den Teig in Portionen mit einer Nudelmaschine erst zu dünnen Platten auswalzen, dann zu Bandnudeln schneiden. Nudeln auf einem Brett locker zu „Nestern" formen und etwas antrocknen lassen.

1 Schalotte
10 g Butter
150 ml Gemüsefond
200 ml Weißwein, z. B. Riesling oder Fendant
200 ml Schlagsahne/Rahm
2 TL Limettencurry (S. 14)
Salz
schwarzer Pfeffer aus der Mühle

Salz
1 TL Schwarzkümmel
½ Bund glatte Petersilie
Zesten von 1 unbehandelten Limette

LIMETTENCURRYSAHNE
Schalotte fein hacken, in der Butter glasig dünsten, mit heißem Fond ablöschen. Auf ⅓ einkochen, Wein angießen, wieder auf ⅓ reduzieren.

Sahne angießen, bei mittlerer Hitze leicht cremig einkochen. Mit Curry, Salz und Pfeffer abschmecken. Mit dem Stabmixer schaumig aufmixen.

FERTIGSTELLEN
Currynudeln in Salzwasser in 4–6 Minuten gar kochen und abgießen. Mit der heißen Sauce anrichten. Mit Schwarzkümmel, gehackter Petersilie und Limettenzesten bestreuen.

CURRYGNOCCHI MIT MANDELN
UND PIKANTER SAHNESCHAUMSAUCE

750 g mehlig kochende Kartoffeln
Salz
50 g Mandelblättchen
2 Eigelb
2 TL Orangeningwercurry (S. 16)
Salz
schwarzer Pfeffer aus der Mühle
100 g feiner Hartweizengrieß
100 g Weizenmehl, Typ 405
1–2 TL Pflanzenöl

DAZU PASSEN DIE CURRYGNOCCHI
ALS BEILAGE AUCH:
ENTENBRUST (SEITE 81),
SCHWEINEBRATEN (SEITE 83),
ODER ZU ROTKOHL/ROTKABIS

CURRYGNOCCHI MIT MANDELN
Kartoffeln schälen und in Salzwasser gar kochen. Mandelblättchen ohne Fett goldgelb rösten. Die Hälfte fein hacken, den Rest beiseitestellen.

Kartoffeln abgießen, ausdampfen lassen und durch die Presse drücken. Mit Eigelb, Curry, Salz und Pfeffer vermischen. Nach und nach Grieß und Mehl unterkneten, bis ein lockerer, nicht mehr klebriger Teig entsteht.

Teig in 8 Portionen teilen, zu Rollen formen, davon gleich große Stücke abschneiden. Stücke zu Ovalen formen und für die typische Form in eine Gabel drücken. Salzwasser aufkochen, dann nur noch sieden lassen. Gnocchi in Portionen hineingeben. Sobald sie an die Oberfläche steigen, sind sie fertig.

Backofen auf 80 °C vorheizen. Eine ofenfeste Servierform leicht ausölen, Gnocchi darin im Ofen warm halten.

VARIANTE
SAFRANCURRYKLÖSSCHEN
Den Kartoffelteig mit Safrancurry würzen und zu kleinen Klößchen formen.

2 Schalotten
20 g Butter
1 EL grüne Thaicurrypaste (S. 19)
200 ml Gemüsefond
200 ml Sahne/Rahm
Zitronensaft
Salz
1 Bund glatte Petersilie

PIKANTE SAHNESCHAUMSAUCE
Schalotten fein würfeln, in der Butter glasig dünsten. Currypaste darin anrösten, bis es duftet, mit Fond ablöschen. Auf die Hälfte einkochen. Sahne zugeben, aufkochen, mit Zitronensaft und Salz abschmecken, mit dem Pürierstab schaumig aufmixen.

FERTIGSTELLEN
Gnocchi auf vorgewärmten Tellern anrichten, Sauce darübergeben, mit Petersilie und Mandelblättchen bestreuen.

VARIANTE
Die Sahneschaumsauce durch Chilibutter (S. 77) ersetzen.

GRÜNER SPARGEL MIT PARMESAN
UND CURRYBUTTERBRÖSELN MIT MANDELN

2 Scheiben Vollkorntoastbrot
½ Bund glatte Petersilie
1 unbehandelte Zitrone
60 g gehackte Mandeln
100 g Butter
2 TL aromatisch-würziger Curry (S.16)
oder Minzcurry (S.16)
Salz

DAZU PASSEN DIE PIKANTEN CURRYBUTTERBRÖSELN AUCH: ROSENKOHL, BROKKOLI, BLUMENKOHL, CHICORÉE ODER BAKED POTATOES (SEITE 65)

CURRYBUTTERBRÖSEL
Das Toastbrot entrinden und im Blitzhacker zu Krümeln verarbeiten. Petersilie fein hacken. Zitrone heiß waschen, etwa einen Teelöffel Schale abreiben.

Die Mandeln in einer großen Pfanne trocken goldgelb anrösten. An den Rand schieben. Brösel rösten, bis sie etwas trocken sind, ebenfalls an den Rand schieben. Butter in die Mitte geben, schmelzen, bis sie schäumt. Rasch mit Bröseln und Mandeln mischen, mit Curry und Salz würzen, Zitronenschale und Petersilie untermischen. Sofort auf den Spargel geben.

Nach Belieben noch etwas Parmesan in Spänen darüberhobeln.

VARIANTEN
Die Brösel mit Sesam, Limettenschale, Limettencurry (S.14) und Koriandergrün zubereiten.

Oder die Brösel mit Haselnüssen, Orangenschale, Orangeningwercurry (S.16) und Thymian mischen.

1000 g grüner Spargel
Salz
Parmesan nach Belieben

SPARGEL
Spargel putzen, das untere Drittel schälen, holzige Enden abschneiden. In reichlich Salzwasser je nach Dicke der Stangen in 3–6 Minuten „al dente" garen. Abtropfen lassen und mit den heißen Butterbröseln anrichten.

DUO VON GEMÜSEPÜREES
MIT ZWEIERLEI CURRY

300 g mehlig kochende Kartoffeln
Salz
¼ Bund glatte Petersilie
½ Bund Minze – Sorte nach Belieben
200 g Zucchini
1 Zwiebel
1 EL Pflanzenöl
30 g Butter
2 TL Minzcurry (S.16)
4 EL Sahne/Rahm
Kräutersalz
grüner Pfeffer aus der Mühle

DAZU PASST ZUCCHINIPÜREE AUCH:
KALBSLEBER (SEITE 82),
LAMMFILETS (SEITE 84) oder
ROTBARBENFILETS (SEITE 100)

250 g Möhren/Gelbe Rüben
250 g Süßkartoffeln
15 g frischer Ingwer
1 Zwiebel
1 EL Öl
20 g Butter
1 ½ TL Safrancurry (S.16)
etwa 250 ml Gemüsebrühe
60 g Frischkäse (16 % Fett)
Salz
schwarzer Pfeffer aus der Mühle
1–2 TL Limettensaft

DAZU PASST DAS SÜSSKARTOFFEL-
PÜREE AUCH:
ENTENBRUST MIT ZIMTBLÜTEN (SEITE 81),
KNUSPRIGER SCHWEINEBRATEN (SEITE 83)
oder HACKBRATEN MIT ORANGENINGWER-
CURRY (SEITE 96)

ZUCCHINIPÜREE MIT MINZCURRY
Kartoffeln schälen, in Salzwasser garen. Petersilie und Minze abbrausen, trocken tupfen und hacken. Zucchini grob raspeln. Zwiebel schälen, fein würfeln, im Öl und 10 g Butter glasig dünsten. Zucchini dazugeben, 3 Minuten unter Rühren dünsten, mit Curry bestäuben. Sahne angießen, kurz aufkochen, beiseitestellen.

Kartoffeln abgießen, etwas ausdampfen lassen, mit dem Kartoffelstampfer nicht zu fein stampfen. Zucchini, ¾ der Kräuter und restliche Butter untermischen. Mit den restlichen Kräutern bestreuen.

SÜSSKARTOFFELPÜREE MIT SAFRANCURRY
Möhren und Süßkartoffeln schälen und grob würfeln. Ingwer und Zwiebel schälen und fein würfeln, in Öl und Butter andünsten. Möhren dazugeben, mit Curry bestäuben, unter Rühren 1–2 Minuten andünsten, mit so viel Brühe begießen, dass sie knapp bedeckt sind. 7–8 Minuten zugedeckt köcheln. Süßkartoffeln zugeben, weitere 10–12 Minuten garen.

Abgießen, die Flüssigkeit, falls nötig, stark einkochen. Gemüse und reduzierte Flüssigkeit mit dem Kartoffelstampfer zu Püree verarbeiten. Frischkäse unterziehen, mit Salz, Pfeffer und Limettensaft abschmecken.

ANRICHTEN
Die Gemüsepürees mit einem Dessertring auf vorgewärmten Tellern anrichten.

TIPP
Bei der Kombination mit Fleisch kann man das Süßkartoffelpüree zusätzlich mit einem Esslöffel Orangenmarmelade oder Mangochutney verfeinern.

Die Pürees lassen sich mit Brühe und Milch oder Sahne zu feinen Gemüsecremesuppen variieren.

KOKOSKARTOFFELPÜREE
MIT POCHIERTEM EI UND CHILIBUTTER

1000 g mehlig kochende Kartoffeln
Salz
200 ml Kokosmilch
2–3 TL Safrancurry (S.16)
oder Garam Masala (S.14)

KOKOSKARTOFFELPÜREE
Kartoffeln schälen, in Stücke schneiden, in Salzwasser garen. Abgießen, etwas ausdampfen lassen. Kokosmilch mit Curry mischen und erhitzen. Kartoffeln mit dem Kartoffelstampfer unter Zugabe der Curry-Kokosmilch zu einem geschmeidigen Püree verarbeiten.

4 oder 8 sehr frische Bio-Eier
100 ml Reisessig
2 EL Salz
2 Lorbeerblätter
1 TL schwarze Pfefferkörner

POCHIERTE EIER
Etwa 3 l Wasser mit Essig, Salz und Lorbeerblättern sowie Pfeffer aufkochen, 5 Minuten kochen lassen. Lorbeer und Pfeffer entfernen, Wasser nur noch sieden lassen.

Die Eier nach und nach in eine Tasse aufschlagen und behutsam in das Wasser gleiten lassen. Nach 3–4 Minuten mit dem Schaumlöffel herausheben und kurz kalt abschrecken. Einzelne Eiweißfäden mit der Schere abschneiden.

1 rote Chilischote/Peperoncino
100 g Butter
1 TL fein abgeriebene Zitronenschale
2 EL fein gehackte Petersilie
Salz

CHILIBUTTER
Chili putzen, entkernen und sehr fein würfeln. Butter schmelzen, bis sie schäumt, aber nicht braun wird. Chiliwürfel kurz andünsten. Zitronenschale, Petersilie und eine Prise Salz zugeben.

FERTIGSTELLEN
Eier auf dem Püree anrichten, mit Chilibutter beträufeln, zusätzlich mit frischer Petersilie bestreuen.

HAUPTGERICHTE MIT FLEISCH

ENTENBRUST MIT ZIMTBLÜTEN
UND LIMETTENSELLERIEPÜREE, DAZU KUMQUATS IN CURRYSIRUP

200 g Kumquats (etwa 20 Stück)
150 g feiner Zucker
150 ml Orangensaft
2 TL scharfes Curry (S. 14)
oder Dessertcurry (S. 14)
2 Stängel Orangenthymian

DAZU PASSEN KUMQUATS
IN CURRYSIRUP AUCH:
SCHWEINEBRATEN (SEITE 83),
REHMEDAILLONS (SEITE 95),
LAMMFILETS (SEITE 84),
SCHINKEN ODER KALTER
BRATENAUFSCHNITT

2 Entenbrüste à 350 g
Salz
etwa 20 Zimtblüten
1 Sellerieknolle (etwa 800 g)
1 mehlig kochende Kartoffel (etwa 200 g)
Salz
100 ml Milch
40 g Butter
2–3 TL Limettencurry (S. 14)
1 Messerspitze Zimt
Muskatnuss, frisch gerieben
schwarzer Pfeffer aus der Mühle

KUMQUATS IN CURRYSIRUP
Kumquats mit kochend heißem Wasser übergießen, nach 2 Minuten abgießen. Früchte in ½ cm dünne Scheibchen schneiden, die Kerne dabei entfernen.

Zucker bei mittlerer Hitze goldgelb karamellisieren lassen, Orangensaft zugießen, den zunächst harten Karamell nach etwa 5 Minuten unter Rühren wieder lösen.

Kumquatscheiben und Curry zugeben, 10 Minuten leicht köcheln. Thymianblättchen zugeben, abkühlen lassen.

ENTENBRUST
Die Entenbrüste abspülen, trocken tupfen und parieren. Die Fettseite mit einer Rasierklinge oder einem sehr scharfen Messer im 1-cm-Abstand rautenförmig einritzen. Mit Salz einreiben und in einige Schnitte die Zimtblüten stecken.

Eine Form in die Mitte des Backofens stellen. Den Ofen auf 80 °C (Umluft) erhitzen. Öl in eine kalte Pfanne geben, Entenbrüste mit der Fettseite nach unten einlegen.

Das Fleisch bei mittlerer Hitze 10 Minuten anbraten. Dann mit der Fettseite nach oben im Ofen in 45–50 Minuten fertig garen.

SELLERIEPÜREE
Sellerie und Kartoffel schälen und würfeln, in Salzwasser in 20–25 Minuten weich kochen. Abgießen und mit dem Stabmixer unter Zugabe von Milch und Butter pürieren. Mit Curry, Zimt, Muskatnuss, Pfeffer und Salz würzen.

FERTIGSTELLEN
Die Entenbrüste schräg aufschneiden, mit Selleriepüree und Kumquats anrichten.

KALBSLEBER MIT APFELKARTOFFELPÜREE
UND CURRYZWIEBELCONFIT

500 g Zwiebeln
3 EL Pflanzenöl
1 ½ EL Zucker
Salz
2–3 TL aromatisch-würziges Curry (S. 16)
150 ml Weißwein,
z. B. Riesling oder Fendant
2 EL Aceto Balsamico bianco

CURRYZWIEBELCONFIT
Zwiebeln schälen, klein würfeln und im Öl bei mittlerer Hitze in 15 Minuten glasig dünsten. Mit dem Zucker bestreuen, unter Rühren karamellisieren lassen, einen halben Teelöffel Salz zugeben, weitere 15 Minuten dünsten, dabei öfter umrühren.

Mit einem Teelöffel Curry würzen, 5 Minuten weiterdünsten. Mit Wein ablöschen, unter Rühren einkochen lassen. Mit dem restlichem Curry, Essig und Salz abschmecken.

Das Confit schmeckt warm und kalt. Hält gut verschlossen im Kühlschrank mehrere Wochen.

500 g mehlig kochende Kartoffeln
Salz
3 Schalotten
500 g Äpfel, z. B. Boskoop
2 EL Butter
2 TL Orangeningwercurry (S. 16)
200 ml Apfelsaft
Salz
schwarzer Pfeffer aus der Mühle
Zucker

APFELKARTOFFELPÜREE
Kartoffeln schälen und halbieren oder vierteln, in Salzwasser gar kochen. Abgießen und ausdämpfen. Schalotten schälen und fein würfeln, Äpfel schälen, vierteln und entkernen.

Schalottenwürfel in der Butter anschwitzen, Äpfel zugeben, mit Curry bestäuben, mit Apfelsaft ablöschen und etwas einkochen. Die Kartoffeln zufügen, mit einem Kartoffelstampfer zerstampfen und mit Salz, Pfeffer und Zucker abschmecken.

600 g Kalbsleber in 8 dünnen Scheiben
2 EL Mehl
60 g Butter
Salz
grüner Pfeffer aus der Mühle

KALBSLEBER
Leber abwaschen und mit Küchenkrepp gut abtrocknen. Das Mehl in einen Teller sieben, Kalbsleber darin wenden, überschüssiges Mehl abklopfen.

Die Butter in einer Pfanne schmelzen, bis sie schäumt, die Leber darin bei mittlerer Hitze von jeder Seite 1–2 Minuten braten. Mit Salz und Pfeffer würzen.

Die Leber auf vorgewärmten Tellern mit Apfelkartoffelpüree und Curryzwiebelconfit anrichten.

KNUSPRIGER SCHWEINEBRATEN
MIT CURRYAPRIKOSENSAUCE

1500 g Schweineschulter mit Schwarte (ohne Knochen)
Salz, 4 TL aromatisch-würziges Curry (S. 16)
12 Gewürznelken
2 EL Butterschmalz/Bratbutter
400 ml Fleischfond
500 ml dunkles Bier
schwarzer Pfeffer aus der Mühle, Cayenne

DAZU PASST DER KNUSPRIGE
SCHWEINEBRATEN AUCH:
CURRYGNOCCHI MIT MANDELN (SEITE 73)
ODER ROTKOHLSALAT MIT MANGO (SEITE 54)

KNUSPRIGER SCHWEINEBRATEN
Die Schwarte mit einer Rasierklinge rautenförmig einritzen, 2 TL Salz und 3 TL Curry mischen, in die Schnitte und in das Fleisch reiben. Gewürznelken tief in die Einschnitte stecken. Backofen auf 180 °C Unter-/Oberhitze (160 °C Umluft) vorheizen.

Butterschmalz in einem Bräter erhitzen. Fleisch mit der Fettseite nach unten etwa 10 Minuten anbraten, umdrehen, Fond angießen und den Bräter in die Mitte des Ofens schieben. Etwa 2 Stunden schmoren. Dabei regelmäßig mit dem ausgetretenen Bratensaft begießen.

Ofen auf 180 °C Oberhitze umschalten, den Bräter nach oben stellen. 30 Minuten weiterschmoren, dabei immer etwas Bier über die Kruste gießen, damit sie schön knusprig wird.

Vor dem Anrichten das Fleisch aus dem Bräter nehmen und 10 Minuten ruhen lassen. Den Bratensaft abseihen, entfetten und etwas einkochen. Mit Salz, Pfeffer, Curry und Cayenne abschmecken. Den Braten aufschneiden, mit dem Bratensaft beträufeln und mit der Curryaprikosensauce servieren.

2 Schalotten
1 Knoblauchzehe
2 TL Öl
2 TL Orangeningwercurry (S. 16)
250 ml Orangensaft, 200 ml Gemüsefond
200 g getrocknete Aprikosen „soft"
Salz, schwarzer Pfeffer aus der Mühle
2–3 TL Zitronensaft

CURRYAPRIKOSENSAUCE
Schalotten und Knoblauch schälen, klein würfeln, im Öl glasig dünsten. Einen Teelöffel Curry darüberstäuben, mit Orangensaft und Fond ablöschen. Aprikosen zugeben, aufkochen, zugedeckt 20 Minuten leicht köcheln. Pürieren, mit Salz, Pfeffer, Zitronensaft und Curry abschmecken.

LAMMFILETS
MIT PIKANTEM APFELKOMPOTT

300 g Zwiebeln
3 EL Pflanzenöl
1 Zimtstange
600 g Äpfel
3 EL brauner Zucker, z. B. Muscovado oder Demerara
1 Rosmarinzweig
3 TL aromatisch-würziges Curry (S. 16)
2 EL Apfelbalsamessig
40 g Rosinen
200 ml Apfelsaft
Meersalz
Cayenne

600 g Lammfilets
1 Rosmarinzweig
4 TL Olivenöl
1 TL schwarze Pfefferkörner
1 TL Zimtblüten
Meersalz

APFELKOMPOTT
Zwiebeln schälen und grob würfeln. Öl erhitzen, Zimtstange einlegen. Zwiebeln zugeben und darin weich dünsten.
Äpfel schälen, grob würfeln und zu den Zwiebeln geben und anbraten. Mit Zucker bestreuen, unter Rühren karamellisieren lassen. Rosmarinnadeln abzupfen und fein hacken. Curry, Essig und Rosinen zugeben, gut mischen.

Apfelsaft angießen, 15–20 Minuten köcheln, bis der Saft verdampft ist und die Äpfel fast zerfallen. Mit Salz, Cayenne und eventuell mehr Curry würzen.

LAMMFILETS
Die Filets trocken tupfen, von Häuten und Sehnen befreien. Rosmarinnadeln abzupfen und sehr fein hacken. Pfeffer und Zimtblüten im Mörser zerstoßen, mit Rosmarin mischen.
Filets mit 1 TL Olivenöl einpinseln, mit der Pfeffermischung bestreuen, im Kühlschrank etwa 30 Minuten marinieren.

Backofen auf 180 °C (160 °C Umluft) vorheizen. Restliches Olivenöl erhitzen, Filets von beiden Seiten etwa 1 ½ Minuten anbraten.
In eine ofenfeste Form legen, im Ofen in 6–8 Minuten fertig garen. Herausnehmen, in Alufolie locker einschlagen und kurz ruhen lassen.

FERTIGSTELLEN
Filets schräg aufschneiden, salzen und mit dem heißen Apfelkompott anrichten.

CURRYPILAF
MIT LAMM UND APRIKOSEN

1,2 kg Lammfleisch aus der Keule
500 g Zwiebeln
2 Knoblauchzehen
200 g getrocknete Aprikosen
3 EL Pflanzenöl
Salz
**3 TL rot-scharfes Curry (S. 14)
oder aromatisch-würziges Curry (S. 16)**
500 ml Orangensaft
500 ml Brühe, evtl. mehr
150 g Basmatireis
40 g blanchierte Mandeln
½ Bund glatte Petersilie
schwarzer Pfeffer aus der Mühle
Cayenne

Fleisch in 2 x 3 cm große Würfel schneiden. Zwiebeln schälen, längs halbieren und in Streifen schneiden. Knoblauch schälen, in dünne Scheibchen schneiden. Aprikosen würfeln.

Öl erhitzen, Zwiebeln goldgelb anschmoren, Knoblauchscheiben 1 Minuten mitbraten. Fleischwürfel zugeben und unter Rühren 4–5 Minuten anbraten. Salzen, mit Curry bestäuben, mit Orangensaft ablöschen.

Aprikosen zugeben. So viel Brühe angießen, dass das Fleisch knapp bedeckt ist. Deckel auflegen, das Fleisch bei kleiner Hitze in etwa 2 Stunden weich schmoren.

Reis waschen, abtropfen lassen und die letzten 15–20 MInuten mitgaren, evtl. noch etwas Flüssigkeit nachgießen.

Mandeln in einer Pfanne ohne Fett goldgelb rösten, Petersilie grob hacken. Den fertigen Pilaf mit Salz, Pfeffer, Cayenne und/oder mehr Curry abschmecken, mit Mandeln und Petersilie bestreuen.

LAMMKOTELETTS
MIT CURRYZIEGENFRISCHKÄSE GRATINIERT

150 g Ziegenfrischkäse
1–2 EL Orangensaft
2 TL rot-scharfes Curry (S. 14)
oder aromatisch-würziges Curry (S. 16)
2 Stiele Thymian

DAZU PASST DER CURRYZIEGEN-
FRISCHKÄSE AUCH:
MIT GEGRILLTEM GEMÜSE ALS
ANTIPASTI, ALS TOPPING AUF SALATEN
ODER AUF GERÖSTETEM CIABATTA MIT
TOMATENWÜRFELN ALS CROSTINI

8 Lammkoteletts à 70 g
2 Knoblauchzehen
2 EL Olivenöl
Salz
schwarzer Pfeffer aus der Mühle

2 Knoblauchzehen
75 g Butter
50 g Semmelbrösel
1 TL aromatisch-würziges Curry (S. 16)
Salz
schwarzer Pfeffer aus der Mühle

CURRYZIEGENFRISCHKÄSE
Den Ziegenfrischkäse mit einer Gabel zerdrücken, so viel Orangensaft zugeben, dass die Masse etwas geschmeidiger wird.

Currypulver darüber stäuben, gut vermengen. Thymianblättchen abzupfen und untermischen. Ziegenkäse zu einer Rolle formen, in Frischhaltefolie im Kühlschrank wieder fest werden lassen. Anschließend in acht gleich große Scheiben schneiden.

LAMMKOTELETTS
Den Backofen auf 120 °C (Ober-/Unterhitze) vorheizen.
Die Koteletts abspülen und trocken tupfen. Die Knoblauchzehen etwas flachklopfen. Koteletts und Knoblauchzehen im Öl rundum anbraten, salzen und pfeffern. Auf ein mit Alufolie ausgelegtes Backblech legen und im Backofen etwa 8–10 Minuten garen.

CURRYSCHMELZE
Knoblauch schälen und fein würfeln. Butter in einer Pfanne schmelzen, bis sie schäumt, Knoblauch und Semmelbrösel zugeben und kurz anrösten. Mit Curry, Salz und Pfeffer würzen.

FERTIGSTELLEN
Den Backofengrill zuschalten. Auf jedes Kotelett eine Scheibe Curryziegenfrischkäse und etwas Curryschmelze verteilen. Unter dem Grill goldbraun gratinieren.

Als Beilage empfehle ich grüne Bohnen und kleine, ganze Röstkartoffeln.

HÄHNCHENBRUSTFILETS
MIT CURRYFETAKÄSEFÜLLUNG

3 EL Olivenöl
2 TL Orangeningwercurry (S. 16)
2 TL Abrieb von unbehandelter Orange
1 TL Akazienhonig
200 g Feta
schwarzer Pfeffer aus der Mühle
½ Bund glatte Petersilie

DAZU PASST DER CURRYFETAKÄSE AUCH:
ALS TOPPING AUF GLASIERTEN MÖHREN,
AUF GEGRILLTEN KÜRBIS- ODER
AUBERGINENSCHEIBEN SOWIE
AUF PASTA ODER ZU BAKED POTATOES

4 Hähnchenbrustfilets à 125 g
Salz
2 Scheiben Vollkorntoastbrot
1 EL Öl
20 g Butter
4 Stiele Petersilie

CURRYFETAKÄSE
Das Öl mit Curry, Orangenschale und Honig verrühren. Den Feta fein zerkrümeln, untermischen, mit Pfeffer würzen. Petersilie abbrausen, hacken und unterheben.

TIPP
Die Mischung erst mit 200 g Schmant (ersatzweise Crème double) fein pürieren, dann die Petersilie untermischen. Als Dip oder als Füllung für gebackene Süßkartoffeln verwenden.

GEFÜLLTE HÄHNCHENBRUSTFILETS
Den Ofen auf 150 °C (Umluft) vorheizen. Die Filets putzen, Fett und Sehnen entfernen. Von der kurzen Seite eine tiefe Tasche hineinschneiden, von innen salzen.

Toastbrot im Blitzhacker zu Krümeln verarbeiten und mit der Fetapaste vermengen. Die Hähnchenfilets damit füllen, mit Zahnstochern zustecken.

Öl und Butter erhitzen, die Filets 5 Minuten rundum goldgelb anbraten. In einer feuerfesten Form im Ofen in 12–14 Minuten fertig garen.

Filets in Scheiben aufschneiden, Petersilie grob hacken und darüberstreuen.

Als Beilage empfehle ich arabisches Fladenbrot (Seite 39), indisches Naanbrot oder auch Couscous.

CURRYHÄHNCHEN MIT HONIG
UND BANANENCURRYSAUCE

4 Hähnchenbrustfilets à 150 g
2 EL gelbes Curryöl (S. 34)
Salz
2 EL Akazienhonig
3 TL aromatisch-würziges Curry (S. 16)
oder scharfes Curry (S. 14)
1 unbehandelte Limette
1 Bund Koriandergrün
1 kleine rote Chilischote
20 g Butter
2 Bananen

Den Backofen auf 150 °C (Umluft) vorheizen. Die Filets von Fett und Sehnen befreien und trocken tupfen. Im Curryöl sanft anbraten und salzen. Honig mit Curry verrühren und nach und nach über die Filets träufeln. Öfter wenden und immer wieder beträufeln.

Das Fleisch nach 5–6 Minuten in eine ofenfeste Form legen und in 12–14 Minuten im Ofen fertig garen, dabei immer wieder mit der Honigsauce begießen.

Die Limette heiß waschen, die Schale mit dem Zestenreißer abziehen, den Saft auspressen. Koriandergrün hacken. Chili putzen, in feine Ringe schneiden, die Kerne dabei entfernen.

Die Filets in Alufolie warm halten. Die Butter in einem kleinen Topf schmelzen, die Bananen in Scheiben darin anbraten. Übrige Honigsauce und 2–3 EL Wasser zugeben, mit dem Stabmixer pürieren. Mit Limettensaft, Salz und Curry abschmecken.

Filets mit Bananensauce anrichten, mit Zesten, Koriandergrün und Chili bestreuen. Dazu Duftreis reichen.

BOLOGNESE MIT THAICURRY

3 Stängel Zitronengras
30 g frischer Ingwer
100 g Zwiebeln
2 EL Pflanzenöl
2 EL rote Thaicurrypaste (S. 19)
3 EL Tomatenmark
2 Dosen gestückelte Tomaten (à 400 g)
500 g Rinderhackfleisch
Salz
1 TL Zucker
1 TL Fischsauce
½ Bund Koriandergrün
½ Bund Thaibasilikum

Zitronengras putzen, das Innere aus dem unteren dickeren Teil sehr fein hacken. Ingwer und Zwiebeln fein hacken.

Zwiebeln im Öl glasig braten, Ingwer und Zitronengraswürfel 2 Minuten mitbraten. Currypaste und Tomatenmark unter Rühren anrösten, bis es duftet. Mit den Tomaten ablöschen, sanft köcheln lassen.

In einer Pfanne das Hack portionsweise scharf anbraten, bis es braun-krümelig ist. Ausgetretenes Fett mit Küchenpapier aus der Pfanne wischen. Hack zur Tomatensauce geben, mit Salz, Zucker und Fischsauce würzen. Zugedeckt ½ bis ¾ Stunde bei geringer Hitzezufuhr köcheln lassen. Abschmecken, mit gehackten Kräutern bestreuen. Mit Reisbandnudeln servieren.

MARINIERTE SATAYSPIESSE
MIT MALAIISCHER ERDNUSSCURRYSAUCE

500 g Hähnchenbrustfilet
4 EL helle Sojasauce
2 EL gelbes Curryöl (S. 34)
oder rotes Currychiliöl (S. 33)
2 TL Honig
2–3 EL Distel- oder Rapsöl

SATAYSPIESSE
Die Hähnchenfilets putzen und trocken tupfen. In lange Streifen schneiden, etwa 2 cm breit und 5 mm dick. Dazu evtl. unter Folie legen und flachklopfen.

Sojasauce, Curryöl und Honig verrühren, die Fleischstreifen darin mindestens 30 Minuten im Kühlschrank marinieren, dabei öfter wenden.

Aus der Marinade nehmen, abtupfen und wellenförmig auf Holzspieße aufstecken. Im heißen Öl von beiden Seiten goldbraun braten. Mit der Sauce anrichten.

100 g Erdnusskerne, geröstet und gesalzen
70 g Schalotten
3 Knoblauchzehen
30 g frischer Ingwer
1 rote Chilischote
1 EL Pflanzenöl
1 EL Limettencurry (S. 14)
400 ml Geflügel- oder Gemüsebrühe
Salz
2–3 TL Zitronensaft

MALAIISCHE ERDNUSSCURRYSAUCE
Die Erdnusskerne im Blitzhacker zerkleinern. Schalotten, Knoblauch und Ingwer schälen und klein würfeln. Chili putzen und hacken.

Schalotten und Knoblauch im Öl glasig dünsten, Ingwer und Chili zugeben, 2 Minuten weiter dünsten. Erdnüsse und Curry zugeben, solange unter Rühren braten, bis das Curry duftet.

Nach und nach unter weiterem Rühren die Brühe zugießen. Aufkochen und bis zur gewünschten Konsistenz cremig einkochen.

Mit Curry, Salz und Zitronensaft abschmecken.

TIPP
Während die Satayspiesse vorbereitet werden und marinieren, die Erdnussurrysauce zubereiten.

TAFELSPITZ MIT GELIERTEM CURRYJUS
UND CURRYBRATKARTOFFELN

500 ml gute Fleischbrühe (S. 52)
1–1 ½ TL aromatisch-würziges Curry (S. 16)
Salz
6 Blatt weiße Gelatine

40 g frischer Ingwer
20 g frischer Galgant
1–2 rote Chilischoten
4 Limettenblätter
1 EL Koriandersamen
1 TL schwarze Pfefferkörner
2 l gute Fleischbrühe (S. 52)
Salz
1,2 kg Tafelspitz

600 g fest kochende Kartoffeln
Salz
3 EL Butterschmalz/Bratbutter
2 TL aromatisch-würziges Curry (S. 16)
oder scharfes Curry (S. 14)

1 Beet Kresse
grobes Salz

DAZU PASST SEHR GUT:
WASABISAHNE (SEITE 24),
SCHMANT MIT LIMETTENCURRY
UND DILL (SEITE 26) oder
CURRYKRÄUTERDIP (SEITE 28)

GELIERTER CURRYJUS
Die Brühe mit Curry würzen, aufkochen und auf 250 ml reduzieren. Durch ein Tuch passieren. Bei Bedarf salzen. Die Gelatine kalt einweichen, ausdrücken und in der warmen Brühe auflösen. Einen Spiegel, etwa 1 cm hoch, in eine Form gießen und nach dem Abkühlen im Kühlschrank erstarren lassen. Gelee danach in Würfel schneiden.

TAFELSPITZ
Ingwer und Galgant schälen und in Scheiben schneiden. Chilischoten längs halbieren und putzen, Limettenblätter seitlich mehrfach einschneiden. Alles mit Koriander und Pfeffer in die Brühe geben und aufkochen; Salz zugeben.

Tafelspitz kalt abspülen, in die kochende Brühe legen. Hitze reduzieren, das Fleisch ohne Deckel 2–2 ½ Stunden sanft ziehen lassen, den Schaum abschöpfen.

Den gegarten Tafelspitz aus der Brühe heben, zugedeckt warm halten. Die Würzbrühe durch ein Sieb oder Passiertuch gießen.

CURRYBRATKARTOFFELN
Kartoffeln in der Schale in Salzwasser kochen. Abgießen, etwas ausdampfen lassen, die Schale abziehen und auskühlen lassen (oder Kartoffeln vom Vortag nehmen).

Kartoffeln in gleichmäßig dicke Scheiben schneiden. In zwei großen Pfannen je 1 ½ EL Butterschmalz erhitzen. Kartoffelscheiben nebeneinander, nicht überlappend, einlegen. Bei Mittelhitze erst von einer Seite knusprig goldbraun braten, dann wenden und von der anderen Seite ebenso braten.

Pfannen vom Herd nehmen, die Kartoffeln erst jetzt von beiden Seiten salzen und mit dem Curry bestäuben.

ANRICHTEN
Den Tafelspitz quer zur Faser in 1 ½ cm dicke Scheiben schneiden, mit etwas gewürzter Brühe beträufeln, nach Belieben salzen. Kresse vom Beet schneiden und darüberstreuen. Mit Juswürfeln und Bratkartoffeln anrichten.

TIPP
Kalte Reste vom Tafelspitz mit Thaicurryaïoli (S. 137) anrichten.

REHMEDAILLONS
MIT QUITTENCURRYPASTE

1 Zitrone
300 g Quitten
100 g getrocknete Aprikosen
2 Lorbeerblätter
500 ml Weißwein, z. B. Riesling oder Fendant
400 g Zucker
4 TL Limettencurry (S. 14) oder aromatisch-würziges Curry (S. 16)
1 EL Aceto Balsamico bianco

QUITTENCURRYPASTE
Zitrone auspressen, mit 2 l Wasser in einen Topf geben. Quitten abreiben und waschen. Mit der Schale vierteln, entkernen, grob würfeln und sofort in das Zitronenwasser legen, damit sie sich nicht verfärben. Dann das Zitronenwasser abgießen.

Quitten mit Aprikosen und Lorbeer zurück in den Topf geben, mit dem Wein begießen. Aufkochen, zugedeckt 45–60 Minuten kochen, bis die Quitten weich sind. Ohne Deckel noch so lange kochen, bis der Wein nahezu verdampft ist. Lorbeer entfernen.

Die Masse mit dem Stabmixer pürieren. Zucker und zunächst zwei Teelöffel Curry zugeben, unter ständigem Rühren in ca. 30 Minuten zähflüssig einkochen. Mit Essig und dem restlichen Curry pikant würzen. Auf ein mit Backpapier ausgelegtes Blech ca. 7 mm dick aufstreichen. Sobald die Masse antrocknet, 4–5 cm große Scheiben (Plätzchen) ausstechen.

TIPP
PIKANT-SÜSSES QUITTENKONFEKT
Die Masse in 2 x 2 cm große Rauten schneiden, mit Mandeln belegen oder in grobem Zucker wälzen. Noch 2 Tage trocknen lassen, dann zwischen Pergamentpapier in Blechdosen aufbewahren.

8 Rehfiletmedaillons à 70–75 g
Salz
schwarzer Pfeffer aus der Mühle
2 EL Butterschmalz/Bratbutter
1 kleine Möhre/Gelbe Rübe
1 Stück Sellerie, ca. 100 g
200 ml Rotwein
400 ml Wildfond
16 Scheiben Quittencurrypaste (s. o.)
Salz
grüner Pfeffer aus der Mühle
2 Stiele Thymian

REHMEDAILLONS
Eine Form in den Backofen stellen, diesen auf 80 °C (Ober- und Unterhitze) vorheizen. Medaillons salzen und pfeffern. Im heißen Butterschmalz rundherum kurz anbraten. In der vorgewärmten Form in den Ofen geben, zugedeckt in 30 Minuten garen.

Möhre und Sellerie schälen, klein würfeln, im Bratsatz anrösten. Mit Rotwein ablöschen und stark einkochen. Wildfond angießen, aufkochen. Mit dem Stabmixer pürieren, evtl. durch ein Sieb streichen. Die Hälfte der Quittencurryscheiben in der Sauce schmelzen. Bis zur gewünschten Konsistenz einkochen; salzen und pfeffern.

Backofen auf Oberhitze umschalten. Auf jedes Medaillon eine Scheibe Quittenpaste legen. Form auf die oberste Schiene in den Herd stellen, sodass die Paste sich erwärmt.

Thymian abbrausen, Blättchen abzupfen und hacken. Medaillons mit der Sauce anrichten, mit Thymian bestreuen.

HACKBRATEN
MIT ORANGENINGWERCURRY UND CHILI

200 g Zwiebeln
2 EL Pflanzenöl
2 rote Chilischoten
1 Bund glatte Petersilie
3 Stück Zwieback
1 unbehandelte Orange
4 TL Orangeningwercurry (S. 16)
500 g gemischtes Hackfleisch
1 Ei
2 TL Salz
schwarzer Pfeffer aus der Mühle
Öl für die Form

Die Zwiebeln schälen und hacken. Chilis putzen, entkernen und klein würfeln. Petersilie fein hacken. Zwieback im Blitzhacker zu Bröseln verarbeiten. Die Orange heiß waschen, die Schale abraspeln.

Zwiebeln im Öl glasig dünsten, ohne dass sie Farbe annehmen. Chili und Curry zugeben, weiter dünsten, bis das Curry duftet. Etwas abkühlen lassen.

Den Backofen auf 225 °C (Umluft) vorheizen. Das Hack in eine Schüssel geben, Zwiebackkrümel darüberstreuen, Ei, Salz und Pfeffer zugeben und gut durchkneten. Zwiebelmischung, Petersilie und Orangenschale zugeben und gründlich durchkneten.

Eine ofenfeste Form mit etwas Öl einpinseln. Die Hände leicht anfeuchten, die Hackmasse zu einem länglichen Laib formen. In die Form setzen, im Ofen auf der mittleren Schiene in etwa 40 Minuten backen.

Heiß oder kalt mit Brot (z. B. Fladenbrot, S. 39) und Salat (z. B. Cole Slaw, S. 56) servieren.

VARIANTEN
Den Fleischteig mit Limettencurry (S. 14) und Limettenschale würzen. Zusätzlich gehackte Mandeln untermischen.

Den Fleischteig mit rot-scharfem Curry (S. 14) und Orangenschale würzen. Zusätzlich in Öl eingelegte, abgetropfte und fein gehackte sonnengetrocknete Tomaten, Kapern und Pinienkerne untermischen.

Den Fleischteig mit Safrancurry (S. 16) und Zitronenschale würzen. Zusätzlich Würfelchen von Mozzarella und gehackte Wal-/Baumnusskerne untermischen.

GESCHMORTE KOHLROULADEN
MIT CURRYHÄHNCHENFÜLLUNG

1 Zwiebel
2 TL Pflanzenöl
50 g Wal-/Baumnusskerne
1 Bund glatte Petersilie
3 Scheiben Vollkorntoastbrot
500 g Hähnchenbrustfilet
1 Ei
1 ½ TL Salz
schwarzer Pfeffer aus der Mühle
1 TL Schale von unbehandelter Limette
3 TL Limettencurry (S. 14) oder
Orangeningwercurry (S. 16)

DAZU PASST DIE CURRYHÄHNCHENFARCE
AUCH:
HÄHNCHENFRIKADELLEN, GEFÜLLTE ZUCCHINI
ODER ZUCCHINIBLÜTEN

1 kleiner Spitzkohl/Spitzkabis
Salz
2 EL Pflanzenöl
200 ml Gemüsebrühe
150 g Frischkäse (16 % Fett)
1 TL Safrancurry (S. 16)

CURRYHÄHNCHENFARCE
Zwiebel hacken, im Öl glasig dünsten. Wal-/Baumnusskerne trocken rösten und grob hacken. Petersilie fein hacken. Toast im Blitzhacker zerkrümeln. Hähnchenbrustfilet sehr fein hacken oder im Blitzhacker zerkleinern.

Fleisch, Brotkrümel, Ei, Nüsse und Petersilie gut vermengen. Mit Salz, Pfeffer, Limettenschale und Limettencurry würzen.

TIPP
Die Farce beim Abschmecken nicht roh probieren (Salmonellengefahr), sondern eine kleine Menge kurz braten.

ROULADEN
Vom Spitzkohl 8 mittelgroße Blätter ablösen und in kochendem Salzwasser 2–3 Minuten blanchieren. Eiskalt abschrecken und abtropfen lassen.

Die Farce in 8 Portionen teilen. Auf jedes Blatt eine Portion setzen, die Seiten darüberlegen, aufrollen und mit Zahnstochern feststecken.

Rouladen in einem Bräter im Öl rundum anbraten, Brühe angießen, Deckel aufsetzen. Bei mittlerer Hitze 30 Minuten schmoren.

Rouladen herausnehmen und warm halten, Frischkäse in die Brühe einrühren, mit Safrancurry abschmecken. Rouladen mit der Sauce anrichten.

Dazu passen Salzkartoffeln, Kartoffelpüree oder Reis.

HAUPTGERICHTE MIT FISCH & MEERESFRÜCHTEN

ROTBARBENFILETS
AUF MINZCURRYBULGUR

2 Schalotten
1 Knoblauchzehe
1 Staude Stangen-/Bleichsellerie,
davon das Innere
150 g feste Zucchini
1 EL Olivenöl
200 g grober Bulgur
(grober Hartweizenschrot)
Salz
2–3 TL Minzcurry (S.16)
700 ml Gemüsebrühe
100 g Crème fraîche
grüner Pfeffer, frisch gemörsert
1 Bund glatte Petersilie
4 Stängel Minze

8–12 Rotbarbenfilets à 60–80 g
2 Schalotten
40 g Butter
100 ml Weißwein
Salz, schwarzer Pfeffer aus der Mühle

MINZCURRYBULGUR
Schalotten und Knoblauch schälen und fein würfeln. Sellerie putzen, entfädeln, klein würfeln. Zucchini putzen und mit der Schale ebenfalls klein würfeln.

Schalotten und Knoblauch im Öl glasig dünsten, Sellerie- und Zucchiniwürfel zugeben, kurz anschmoren, Bulgur zugeben, verrühren, salzen, mit 2 TL Curry mischen, mit heißer Brühe ablöschen. Aufkochen, zugedeckt bei geringer Hitze in 15–20 Minuten garen.

Den fertigen Bulgur durchrühren, Crème fraîche einrühren, mit Salz, Pfeffer und Curry abschmecken. Kräuter hacken und untermischen.

BULGURVARIANTEN MIT
Schmorgurke, Limettencurry und Koriandergrün;
Möhre, Safrancurry und Dill;
Kürbis, Orangeningwercurry (S.16) und Thymian;
roter Paprika, rot-scharfem Curry (S.14) und Rosmarin.

GEDÜNSTETE ROTBARBENFILETS
Filets kalt abspülen, trocken tupfen, evtl. Gräten entfernen. Schalotten schälen, fein würfeln, in einer großen Pfanne in Butter glasig dünsten. Mit Wein ablöschen, etwas einkochen.

Fischfilets zugeben, Deckel auflegen, in 5–6 Minuten saftig schmoren. Salzen, pfeffern, auf dem Bulgur anrichten, mit Minzeblättern dekorieren.

GEDÄMPFTE GARNELEN
MIT BEURRE BLANC UND FRISCHEN CURRYBLÄTTERN

150 g Butter
2 Schalotten
10 g frischer Ingwer
50 ml Weißwein
100 ml Geflügelfond
2 EL Weißweinessig
1 Stiel mit 8–10 frischen Curryblättern
½ TL weiße Malabarpfefferkörner*
Meersalz
1 TL Safrancurry (S. 16)
½ Bund Koriandergrün

40 g frischer Ingwer, in Scheiben
1 Bund Koriandergrün mit Wurzeln
4 Kaffirlimettenblätter
4 feste Salatherzen (Mini-Romana)
2 TL Sesamöl
600 g rohe Riesengarnelen, küchenfertig
Salz
schwarzer Pfeffer aus der Mühle
Limettensaft

BEURRE BLANC
Die Butter in Stückchen schneiden, etwa 20 g beiseitestellen, den Rest ins Tiefkühlfach geben.

Schalotten und Ingwer schälen, fein würfeln, in der Butter glasig dünsten, mit Weißwein ablöschen, auf die Hälfte einkochen. Fond, Essig, Curryblätter und Pfeffer zugeben, auf die Hälfte einkochen. Durch ein Sieb streichen, erneut erhitzen, aber nicht kochen lassen (ca. 90 °C).

Nach und nach die kalten Butterstückchen mit dem Pürierstab untermixen. Mit Salz und Curry abschmecken, fein gehacktes Koriandergrün untermischen.

GEDÄMPFTE GARNELEN
Wok mit 500 ml Wasser füllen, Ingwerscheiben, Koriandergrün und Wurzeln, Limettenblätter einlegen, aufkochen.

Gleichzeitig Salatherzen längs halbieren, im Öl kurz andünsten, ein Bambus-Dämpfkörbchen damit auslegen. Garnelen darüberverteilen, salzen, mit dem Deckel schließen. Das Dampfkörbchen mit den Garnelen im Wok etwa 5 Minuten dämpfen.

Herausnehmen, mit Salz, Pfeffer und Limettensaft würzen. Mit der Beurre blanc servieren.

* Pfeffer von der Malabarküste (Kerala/Südindien) ist besonders aromatisch.

GEFÜLLTE FORELLEN
MIT FRISCHER KRÄUTERCURRYBUTTER

2 Bund glatte Petersilie
2 Bund Estragon
1 Handvoll Sauerampfer
4 Schalotten
2 Knoblauchzehen, sehr frisch
1 unbehandelte Limette
150 g Butter
1 TL Salz
2 TL Limettencurry (S. 14)
oder Minzcurry (S. 16)

DAZU PASST DIE FRISCHE KRÄUTER-
CURRYBUTTER AUCH:
BAKED POTATOES, PELLKARTOFFELN,
WEISSER ODER GRÜNER SPARGEL,
BLUMENKOHL ODER BROKKOLI,
GEDÄMPFTER FISCH ODER SANDWICHES
MIT GURKE, KÄSE ODER EI

4 Forellen à 300 g
Salz
1 Bund schlanke Frühlingszwiebeln
1 große Möhre/Gelbe Rübe oder 1 Zucchino
2–3 EL Pflanzenöl
grüner Pfeffer aus der Mühle

FRISCHE KRÄUTERCURRYBUTTER

Kräuter abbrausen, trocken tupfen, Blättchen abzupfen und hacken. Schalotten und Knoblauch schälen und hacken. Die Limette heiß waschen, die Schale abreiben.

Die Butter in Stückchen schneiden, mit Kräutern, Schalotten, Knoblauch und Limettenschale pürieren. Salz und Limettencurry zugeben, gut durchmixen.

FORELLEN

Backofen auf 180 °C (160 °C Umluft) vorheizen. Forellen abspülen, trocken tupfen, von innen salzen.

Frühlingszwiebeln putzen, erst quer halbieren, dann längs in dünne Streifen schneiden. Möhre und/oder Zucchino schälen und in Julienne-Streifen schneiden. Gemüsestreifen mischen.

4 große Stücke Alufolie mit Öl bepinseln. Forellen mit der Kräuterbutter und etwas Gemüsemischung füllen, mit 1–2 Zahnstochern verschließen. Forellen mittig auf die Folienstücke legen, mit den restlichen Gemüsestreifen bestreuen, salzen und pfeffern.

Alupäckchen locker verschließen, Folienenden am Kopf- und Schwanzende hochbiegen, damit kein Fett ausläuft. Im vorgeheizten Ofen in etwa 20 Minuten garen.

Als Beilage sind Pellkartoffeln (Schalkartoffeln) oder Baguette zu empfehlen.

FISCHAUFLAUF MIT CURRY
AUF MINZGEMÜSEBETT

500 g fest kochende Kartoffeln
400 g Möhren/Gelbe Rüben
6–8 Stiele Minze – Sorte nach Belieben
1 l Gemüsebrühe
20 g Butter
1 TL Minzcurry (S. 16)
2 TL Agavensirup
Meersalz
grüner Pfeffer aus der Mühle
600 g Seelachsfilet
2–3 TL Zitronensaft
200 g Frischkäse (16 % Fett)
1 ½ TL scharfes Curry (S. 14)

Kartoffeln und Möhren schälen und in dünne Scheiben hobeln – optimal auf einem Wellenhobel. Die Minzeblättchen abstreifen und nicht zu fein hacken. Die Brühe aufkochen, das Gemüse 4 Minuten darin blanchieren. Abgießen, die Brühe auffangen. Das Gemüse mit der Butter vermischen, mit Curry, 1 TL Agavensirup, Salz und Pfeffer würzen.

Fischfilet abbrausen, trocken tupfen, mit etwas Zitronensaft einreiben, salzen und pfeffern.

Den Frischkäse mit etwa 4 EL Brühe glatt rühren, mit Curry, Salz und dem restlichen Agavensirup würzen.

Den Backofen auf 160 °C (140 °C Umluft) vorheizen. In eine ofenfeste, nicht zu flache Form das Gemüse füllen. Den Fisch quer in 3 cm breite Streifen schneiden und darüberverteilen. Darauf die Frischkäsemischung streichen.

Etwa 20 Minuten im Backofen garen.

LASAGNE MIT LACHSFORELLE
UND ANANASLAUCHGEMÜSE

½ frische Ananas
800 g Lauch
1 frische Lachsforelle, 800–1000 g
1 l Gemüsebrühe
12 Lasagneblätter zum Vorkochen
1 Dose Kokosmilch, nicht geschüttelt
30 g Butter
3 TL Orangeningwercurry (S. 16)
2 TL Agavendicksaft
Salz
schwarzer Pfeffer aus der Mühle
1–2 TL Speisestärke
120 g Frischkäse (16 % Fett)
2 EL Bitterorangenmarmelade
½ TL Chiliflakes

Die Ananas schälen, Strunk und schwarze „Augen" entfernen, das Fruchtfleisch in ½ cm dünne Scheiben und dann in Stückchen schneiden.

Den Lauch putzen, nur das Weiße in ½ cm dünne Scheiben schneiden. Die Lachsforelle häuten, filettieren und alle Gräten ziehen. Die Filets quer in 2 cm breite Streifen schneiden.

Die Brühe aufkochen, Lasagneblätter 4 Minuten kochen, dann zwischen zwei feuchte Küchentücher legen, damit sie weich bleiben. Von der Kokosmilch die dicke obere Schicht abnehmen und beiseitestellen.

Den Lauch in 20 g Butter anschwitzen, mit 2 TL Curry bestäuben, mit der dünnen Kokosmilch ablöschen. Mit Agavendicksaft, Salz und Pfeffer abschmecken. Speisestärke in 1 EL kaltem Wasser glatt rühren, Sauce damit andicken. Die Hälfte des Frischkäses einrühren, Ananasstücke untermischen.

Den Backofen auf 170 °C (150 °C Umluft) vorheizen. Eine ofenfeste Form mit der restlichen Butter ausstreichen. ¼ der Gemüsemischung auf dem Boden der Form verteilen, darauf 4 Lasagneblätter legen.

Darüber wieder ¼ Gemüsemischung, 4 Lasagneblätter und wieder Gemüse geben. Darauf kommen die Fischstreifen. Diese salzen und pfeffern und leicht in die Gemüseschicht darunter eindrücken. Über den Fisch eine weitere Gemüse- sowie Lasagneschicht geben.

Für das Topping das Dicke der Kokosmilch (die Sahne) mit dem restlichen Curry, sowie Frischkäse, der Orangenmarmelade, Chiliflakes und Salz vermischen und gleichmäßig über der letzten Schicht verteilen.

Die Lasagne im Ofen 20 Minuten garen.

SAIBLINGSFILETS
AUF ZIMTBLATTSPINAT MIT LIMETTENCURRYSAUCE

4 größere oder
8 kleine Saiblingsfilets mit Haut
Meersalz
grüner Pfeffer aus der Mühle
1 ½ EL Limettencurryöl (S.34)
oder Olivenöl

SAIBLINGE
Von den Filets evtl. Gräten ziehen. Filets abspülen und trocken tupfen. Auf der Fleischseite leicht salzen und pfeffern.

Den Ofen auf 60 °C (Umluft) vorheizen. Eine Form mit 1 EL Limettencurryöl auspinseln, die Filets mit der Hautseite nach oben hinein setzen.

Ein Stück Alufolie mit dem restlichen Öl einpinseln, die Form damit bedecken und für ca. 30 Minuten in den Ofen stellen.

Von den fertig gegarten Filets die Haut vorsichtig abziehen.

3 Limetten, davon 1 unbehandelt
2 EL brauner Zucker
60 ml Weißwein
Meersalz
grüner Pfeffer aus der Mühle
4 EL Limettencurryöl (S.14)
oder Olivenöl

LIMETTENCURRYSAUCE
Die unbehandelte Limette heiß waschen, die Schale mit dem Zestenreißer abziehen. Insgesamt 6 EL Saft auspressen.

Den Zucker in einem kleinen Topf sanft schmelzen, Limettensaft und Wein zugießen, ca. 5 Minuten köcheln; salzen und pfeffern. Nach und nach das Olivenöl unterschlagen (aufmontieren).

600 g Blattspinat
3 Schalotten
30 g Pinienkerne
2 EL Olivenöl
20 g Butter
Salz
½ TL Zimtpulver
weißer Pfeffer aus der Mühle,
am besten Malabarpfeffer

ZIMTBLATTSPINAT
Blattspinat gründlich waschen und verlesen. Schalotten schälen und klein würfeln. Pinienkerne in einer Pfanne ohne Fett goldgelb rösten.

Olivenöl und Butter erhitzen, Schalotten darin glasig dünsten und ¼ TL Zimt darüberstäuben. Abgetropften Blattspinat zugeben, salzen und pfeffern. Deckel auflegen und den Spinat bei schwacher Hitze etwa 5 Minuten dünsten. Auflockern, mit Salz, Zimt und Pfeffer abschmecken.

ANRICHTEN
Spinat auf vorgewärmten Tellern verteilen, darauf die Saiblingsfilets setzen, Limettencurrysauce darüberträufeln. Mit Limettenzesten und Pinienkernen bestreuen.

FISCHFILET
IN ERDNUSSCURRYSAUCE

1 unbehandelte Limette
15 g frischer Ingwer
2 Knoblauchzehen
2 Schalotten
400 ml Gemüsefond
200 ml Orangensaft
1 Lorbeerblatt
700 g Rotbarschfilet
Salz
schwarzer Pfeffer aus der Mühle
1 Bund Koriandergrün
75 g Erdnussmus „crunchy"
2 TL Orangeningwercurry (S. 16)
oder Limettencurry (S. 14)

Die Limette heiß waschen und trocken reiben, die Schale mit dem Sparschäler dünn abziehen. Die Hälfte ganz lassen, den Rest fein hacken, den Saft auspressen. Ingwer, Knoblauch und Schalotten schälen und grob zerteilen.

Fond mit Orangensaft, Lorbeer, Ingwer, Knoblauch, Schalotten und der ganzen Limettenschale aufkochen. Bei hoher Temperatur auf ca. 300 ml einkochen.

Fischfilet abbrausen, trocken tupfen. Mit 1 TL Limettensaft einreiben, salzen, pfeffern und in Stücke teilen. Koriandergrün abbrausen, trocken tupfen und hacken.

Den Fond abseihen, erneut aufkochen, Fisch einlegen, bei reduzierter Hitze in ca. 5 Minuten darin gar ziehen lassen. Herausnehmen und warm halten. Erdnussmus und Curry in die Brühe einrühren, aufkochen und sämig einkochen lassen. Mit Salz, Pfeffer und Limettensaft abschmecken.

Fischstücke mit der Sauce anrichten, mit etwas Curry bestäuben, mit Koriandergrün und fein gehackter Limettenschale bestreuen.

MUSCHELN
IN SAFRANCURRYSUD MIT GEMÜSE

3 kg Miesmuscheln
2 Schalotten
1 kleine Möhre/Gelbe Rübe
2 Frühlingszwiebeln
1 kleine Stange Bleichsellerie (aus der Mitte)
½ Bund glatte Petersilie
3 EL Raps- oder Distelöl
2 TL Safrancurry (S.16)
50 ml Noilly Prat
125 ml trockener Weißwein
125 g Butter
Salz
schwarzer Pfeffer aus der Mühle

Die Muscheln einige Minuten in kaltes Wasser legen. Muscheln, die oben schwimmen, entfernen, desgleichen offene oder beschädigte Muscheln. Übrige Muscheln gründlich bürsten, die „Bärte" entfernen. Mehrfach kalt abspülen.

Schalotten und Möhre schälen und fein würfeln. Frühlingszwiebeln putzen, in feine Ringe schneiden. Sellerie entfädeln und würfeln. Petersilie hacken und beiseitestellen.

Einen Esslöffel Öl erhitzen, das Gemüse 3–4 Minuten anschwitzen, es soll keine Farbe annehmen.

Curry darüberstäuben, gut mischen, mit Noilly Prat und Wein ablöschen. Die Butter in Stückchen unterrühren, salzen und pfeffern.

In einem großen Topf das restliche Öl stark erhitzen. Muscheln hineingeben. Den Deckel auflegen, die Muscheln 4–5 Minuten darin garen, dabei den Topf ab und zu rütteln.

Sobald sich die Muscheln öffnen (diejenigen, die jetzt geschlossen geblieben sind, aussortieren!), den Gemüsecurrysud darübergießen. Den Deckel auflegen, die Muscheln noch etwa 2 Minuten sanft ziehen lassen.

Vor dem Servieren mit der Petersilie bestreuen.

DESSERTS

SCHOKOLADENMOUSSE MIT CURRY
UND GEWÜRZKANDIERTEN ORANGENZESTEN

200 g Schokolade, 75–80 % Kakaogehalt
2 Eier
Salz
½ Vanilleschote
50 g Zucker
2 EL Orangenlikör
2 TL Orangeningwercurry (S. 16)
1–2 Msp. Cayenne
200 g Sahne/Rahm

100 g Zucker
5 Gewürznelken
2 cm Zimtstange
½ Sternanis
10–12 Safranfäden
2 unbehandelte Orangen

DAZU PASSEN DIE GEWÜRZ-
KANDIERTEN ORANGENZESTEN AUCH:
VANILLEEIS, PUDDING ODER
PANNA COTTA MIT CURRY (SEITE 125)

SCHOKOLADENMOUSSE MIT CURRY
Die Schokolade in Stückchen brechen und über einem heißen Wasserbad schmelzen. Abkühlen lassen, bis die Schokolade lauwarm ist.

Eier trennen, Eiweiß mit einer Prise Salz steif schlagen und kalt stellen. Vanilleschote aufschlitzen und das Mark auskratzen. Eigelb mit Zucker und Vanillemark schaumig rühren, bis die Masse cremig-hell ist.

Eigelbcreme in die lauwarme Schokolade rühren, Orangenlikör, Curry und Cayenne nach Geschmack untermischen. Sahne steif schlagen und unterheben, dann das steif geschlagene Eiweiß unterziehen. Die Mousse im Kühlschrank fest werden lassen.

GEWÜRZKANDIERTE ORANGENZESTEN
Zucker mit 100 ml Wasser und den Gewürzen aufkochen. Orangen heiß waschen und trocken reiben, die Schale mit dem Zestenreißer abziehen. Orangenschalen in den Gewürzsirup geben, nochmals aufkochen, im heißen Sirup abkühlen lassen.

ANRICHTEN
Mit einem spitzen Esslöffel Nocken von der Mousse abstechen, mit den kandierten Zesten bestreuen.

MANDARINENMOUSSE MIT SAFRAN

3 Becher Joghurt à 150 g (3,5 % Fett)
1 Prise Salz
3 EL brauner Zucker
¼ TL Safranfäden
200 ml Mandarinensaft, frisch gepresst
1 Spritzer Zitronensaft
100 g Sahne/Rahm
2 Eiweiß

50 g Mandelblättchen
Minzeblättchen

MANDARINENMOUSSE MIT SAFRAN
Joghurt mit etwas Salz verrühren. Ein Sieb mit einem Mulltuch auslegen, den Joghurt über einer Schüssel im Kühlschrank etwa 12 Stunden abtropfen lassen.

Eine Prise Zucker mit Safran im Mörser fein zerreiben, mit dem restlichem Zucker und Mandarinensaft mischen. Saft aufkochen, auf die Hälfte reduzieren. Mit Zitronensaft abschmecken.

Abgetropften festen Joghurt mit Mandarinensaft mischen. Sahne und Eiweiß steif schlagen. Erst die Sahne, dann das Eiweiß unterheben. Einige Stunden kalt stellen und dabei etwas fester werden lassen. Mit einem Löffel Nocken abstechen.

ANRICHTEN
Die Mandelblättchen ohne Fett goldgelb rösten. Jede Moussenocke mit Mandelblättchen bestreuen und mit frischen Minzeblättchen dekorieren.

VARIANTE
Zur besonderen Dessertkreation wird diese Mousse, wenn sie als Topping auf Currybaisers mit Aprikosenpaste (Seite 122) angerichtet wird.

JOGHURTMOUSSE MIT CURRY
UND MANGOPÜREE

2 Blatt weiße Gelatine
2 Limetten, davon 1 unbehandelt
½ Vanilleschote
2 Becher Vollmilchjoghurt (à 150 g)
3 EL Akazienhonig
1 ½ TL Dessertcurry (S. 14)
150 ml Sahne/Rahm

JOGHURTMOUSSE MIT CURRY
Die Gelatine in kaltem Wasser einweichen. Von der unbehandelten Limette die Schale abreiben und insgesamt 3 EL Saft auspressen. Vanilleschote längs halbieren, das Mark herauskratzen und die Schoten anderweitig verwenden.

Joghurt mit Limettenschale, Vanillemark, Honig und Curry verrühren. Limettensaft erwärmen, Gelatine ausdrücken, im warmen Saft auflösen und unter die Joghurtmischung rühren.

Sobald die Mischung zu gelieren beginnt, die Sahne steif schlagen und unterheben. In Portionsförmchen füllen und im Kühlschrank in etwa 6 Stunden fest werden lassen.

1 unbehandelte Limette
1 große reife Mango
2–3 TL Puderzucker
½ TL Dessertcurry (S. 14)

MANGOPÜREE
Limette heiß waschen und trocken reiben, die Schale mit dem Zestenreißer abziehen, beiseitestellen. Den Saft auspressen. Die Mango schälen, vom Stein schneiden, Fruchtfleisch würfeln. Mit dem Stabmixer fein pürieren, evtl. durch ein Sieb streichen. Mit Limettensaft abschmecken.

ANRICHTEN
Die Förmchen kurz in heißes Wasser halten, die Mousse auf Dessertteller stürzen, das Mangopüree drumherumgießen. Puderzucker und Curry mischen, mit einem kleinen Sieb darüberstäuben. Mit Limettenzesten bestreuen.

ZITRONENCHEESECAKES
MIT ORANGENINGWERCURRY

400 g Frischkäse (16 % Fett)
200 g Crème fraîche
70 g Butter und für die Form
2 Eier
175 g Cantucci (italienische Mandelkekse)
2 unbehandelte Zitronen
½ Vanilleschote
100 g Zucker
Salz
3 TL Orangeningwercurry (S. 16)
2 EL Mehl

ZU DEN CHEESECAKES PASSEN AUCH: HIMBEEREN, BLAU-/HEIDELBEEREN NEKTARINENSPALTEN, FRISCH PÜRIERTE ERDBEEREN ODER CURRYORANGENKOMPOTT (SEITE 125)

Frischkäse, Crème fraîche, Butter und Eier aus dem Kühlschrank nehmen und Zimmertemperatur annehmen lassen.

Die Cantucci im Blitzhacker zu Krümeln verarbeiten. Die weiche Butter zugeben, zusammen zu einer gleichmäßigen Masse verarbeiten. Eine 12er-Muffinform ausfetten, in jede Mulde etwas Cantuccimasse geben und fest andrücken.

Backofen auf 175 °C (Ober- und Unterhitze) vorheizen. Zitronen heiß waschen und trocken reiben, die Schale abreiben und 50 ml Saft auspressen. Vanilleschote längs halbieren, das Mark herauskratzen.

Frischkäse und Crème fraîche mit Zitronensaft und -schale, Vanillemark, Zucker, einer Prise Salz, Curry und Mehl verrühren. Zum Schluss die Eier unterrühren.

Die Mischung gleichmäßig auf die Keksmasse verteilen. Die Cakes auf der unteren Schiene im vorgeheizten Ofen 25 Minuten backen. Im ausgeschalteten, leicht geöffneten Ofen etwa 1 Stunde langsam auskühlen lassen.

Die Minicheesecakes vorsichtig aus den Förmchen lösen und vollständig auskühlen lassen.

Vorne im Bild Apfelmuffins mit Curry, Rezept siehe Seite 120.

APFELMUFFINS MIT CURRY
UND WALNUSSKERNEN IN CURRYKARAMELL

60 g Zucker
1 Prise Salz
60 g Wal-/Baumnusskerne
¼ TL Dessertcurry (S.14)

WAL-/BAUMNUSSKERNE IN CURRYKARAMELL
Zucker mit Salz mischen, in einem Topf hellgelb karamellisieren lassen. Die Nusskerne grob hacken, im Karamell rasch wenden, sodass sie rundum vom Zucker überzogen sind.

Mit Curry bestäuben, nochmals wenden und auf einem mit Backpapier ausgelegten Blech abkühlen lassen. Zusammenklebende Nüsse auseinanderbrechen.

Pflanzenöl zum Ausfetten
der Muffinform
200 g Weizenmehl, Typ 405
½ Päckchen Backpulver
1 TL Salz
2 TL Safrancurry (S.16)
1 Ei
120 g Zucker
200 g Joghurt (3,5 % Fett)
4 EL Pflanzenöl
2 Äpfel
2 EL Zitronensaft
¼ TL Zimt
1 EL Puderzucker

APFELMUFFINS MIT CURRY
Eine 12er-Muffinform mit etwas Öl auspinseln, den Backofen auf 180 °C (Ober- und Unterhitze) vorheizen. Mehl in eine Schüssel sieben, mit Backpulver, Salz und Curry mischen. In einer zweiten Schüssel das Ei mit dem Zucker mischen, dann Joghurt und Öl unterrühren.

Äpfel schälen, vierteln, entkernen und klein schneiden, mit Zitronensaft und Zimt vermischen, dann zu der Eimischung geben. Mehlmischung dazuschütten und alles mit einem Löffel rasch vermengen, dabei die Hälfte der kandierten Nüsse zugeben.

Den Teig in die Muffinförmchen verteilen, restliche Nüsse in die Oberflächen drücken. Auf der mittleren Schiene im vorgeheizten Ofen 30 Minuten backen.

Die Form herausnehmen, etwas abkühlen lassen. Dann die Muffins herausnehmen, auf einem Drahtgitter ganz auskühlen lassen und mit Puderzucker bestäuben.

BANANENKOKOSKUCHEN
MIT SAFRANCURRY

2 Eier
100 g weiche Butter und für die Form
75 g Zucker
2 TL Safrancurry (S.16)
1 TL Cayenne
1 Prise Salz
4 reife Bananen (400 g Fruchtfleisch)
50 ml Zitronensaft
100 g Kokosraspel

Die Eier trennen, die Eigelb mit Butter, 60 g Zucker, Curry, Cayenne und Salz schaumig rühren. Die Bananen mit dem Zitronensaft zu Mus zerdrücken, mit der Eigelbmasse verrühren.

Den Backofen auf 175 °C (Ober- und Unterhitze) vorheizen. Eine Form (26 cm Ø) ausfetten, mit etwa 2 EL Kokosraspel ausstreuen. Restliche Kokosraspel unter die Kuchenmischung rühren. Das Eiweiß mit dem restlichen Zucker sehr steif schlagen und locker unterheben.

Mischung in die Form füllen, glatt streichen und im vorgeheizten Ofen in der Mitte 50–60 Minuten backen. Der Kuchen schmeckt heiß oder kalt mit Sahne/Rahm, Crème fraîche und/oder auch mit exotischen Früchten.

CRÈME BRÛLÉE MIT CURRY

5 Eigelb
80 g Zucker
2 TL Dessertcurry (S.14)
½ Vanilleschote
400 ml Sahne/Rahm
feiner brauner Zucker

Eigelb mit Zucker und Curry gut verrühren. Vanilleschote längs halbieren und auskratzen. Das Mark in die Eigelbmischung rühren. Die Sahne mit der ausgekratzten Schote langsam zum Kochen bringen. Vom Herd nehmen und etwa 10 Minuten ziehen lassen. Schote herausnehmen, Sahne nach und nach in die Eigelbmischung einrühren.

Den Backofen auf 120 °C (Ober- und Unterhitze) vorheizen. Die Sahneeimischung durch ein Sieb in vier Förmchen füllen. Diese in ein tiefes Blech setzen. Das Blech bis an den Rand der Förmchen mit heißem Wasser füllen. Die Crème im Ofen etwa 1 Stunde stocken lassen.

Förmchen herausnehmen, langsam abkühlen lassen und mehrere Stunden oder über Nacht in den Kühlschrank stellen. Vor dem Anrichten gleichmäßig, aber nicht zu dick mit dem braunen Zucker bestreuen, mit einem kleinen Gasbrenner karamellisieren und sofort servieren.

TIPP
Wer keinen Gasbrenner hat, kann die Crème kurz unter der heißen Backofengrill stellen.

CURRYBAISERS MIT APRIKOSENPASTE
UND MANDARINENSAFRANMOUSSE

3 Eiweiß
1 Prise Salz
120 g Zucker
1 ½ TL Dessertcurry (S. 14)

DAZU PASSEN DIE CURRYBAISERS AUCH: VANILLEEIS MIT SAHNE UND FRISCHEN FRÜCHTEN, SCHOKOLADENEIS MIT ORANGENCURRYKOMPOTT (SEITE 125) oder SCHOKOLADENMOUSSE MIT CURRY (SEITE 114)

CURRYBAISERS
Die Eiweiß mit etwas Salz steif schlagen. Sobald der Eischnee fest wird, die Hälfte des Zuckers einrieseln lassen. Wenn die Masse schon sehr fest ist, den restlichen Zucker und Curry zugeben und weiterschlagen, bis die Masse glänzt.

Die Baisermasse in einen Tiefkühlbeutel füllen, eine Spitze knapp abschneiden und durch die Öffnung spiralförmig Kreise (Ø 8 cm) auf ein mit Backpapier ausgelegtes Blech spritzen (oder einen Spritzbeutel mit glatter Tülle verwenden). Die Oberflächen mit einem Spachtel etwas glätten.

Im Backofen bei 90 °C (Ober- und Unterhitze) etwa 3 Stunden trocknen lassen. Nach dem Abkühlen bis zur Verwendung zwischen Lagen von Pergamentpapier in einer Blechdose aufbewahren.

200 g getrocknete Aprikosen „soft"
300 ml Orangensaft
½ TL Kardamom, frisch gemahlen
2 EL Zucker
2 EL Limettensaft

APRIKOSENPASTE
Aprikosen mit Orangensaft, Kardamom und Zucker aufkochen, zugedeckt 20 Minuten köcheln lassen. Mit dem Stabmixer fein pürieren, unter ständigem Rühren zu marmeladenartiger Konsistenz einkochen. Mit Limettensaft abschmecken.

Die Paste auf ein mit Backpapier ausgelegtes Blech 3–4 mm dick streichen, bei 60 °C (Umluft) im Backofen etwa 3 Stunden trocknen lassen. Sobald die Paste anfängt, fest zu werden, Rondellen/ Scheiben (Ø 8 cm) ausstechen. Die Reste anderweitig verwenden, z. B. zum Abschmecken von pikanten Saucen.

Mandarinensafranmousse (S. 116)

ANRICHTEN
Die Mandelblättchen ohne Fett goldgelb rösten. Auf jedes Baiser einen Kreis Aprikosenpaste setzen, darauf eine Portion Mandarinensafranmousse (S. 116) geben. Mit Mandelblättchen bestreuen und mit Streifen von frischen Minzeblättchen dekorieren.

TRIFLE
MIT CURRYCRUMBLE

30 g Wal-/Baumnusskerne
75 g Weizenmehl, Typ 405
50 g Zucker
½ TL Safrancurry (S. 16)
1 Prise Salz
50 g Butter
400 g Erdbeeren
1 EL brauner Zucker
4 Stiele Minze – Sorte nach Belieben
150 g Ananasfruchtfleisch
2 EL Orangenlikör
200 g Frischkäse (16 % Fett)
100 g Magerquark
2 TL Agavendicksaft
½ TL Dessertcurry (S. 14)
1 Banane
1 ½ EL Limettensaft

CURRYCRUMBLE
Backofen auf 175 °C (Ober- und Unterhitze) vorheizen. Walnusskerne hacken, mit Mehl, Zucker, Safrancurry und Salz mischen. Butter in Stückchen zufügen und alles rasch zu einem krümeligen Teig verkneten. Die „Crumbles" auf ein mit Backpapier ausgelegtes Blech verteilen, etwas festdrücken und 25–30 Minuten backen. Herausnehmen und abkühlen lassen.

TRIFLE
Die Erdbeeren waschen, vier schöne Früchte beiseitelegen, den Rest putzen, klein schneiden und mit dem braunen Zucker bestreuen.

Minze abbrausen und trocken tupfen. Einige Blättchen beiseitelegen, den Rest hacken und mit den Erdbeeren mischen.

Die Ananas klein schneiden, ⅓ beiseite stellen, den Rest mit Orangenlikör, Frischkäse, Quark, Agavendicksaft und Dessert-Curry fein pürieren. Banane schälen, in Scheiben schneiden, mit Limettensaft beträufeln.

Die zerkleinerten Erdbeeren in vier Glasschälchen füllen, darauf etwas Frischkäsecreme und die Ananasstücke geben. Darüber einige Crumbles decken, wieder etwas Creme und die Bananenscheiben darübergeben. Mit der restlichen Creme abschließen. Einige Crumbles daraufsetzen und mit den ganzen Erdbeeren und Minzeblättchen garnieren.

VARIANTE
KLASSISCHER APPLE CRUMBLE
3–4 Äpfel schälen, vierteln, entkernen und in Stücke schneiden. In 30 g Butter ganz kurz anbraten, mit 1 EL braunem Zucker und 2 EL Rosinen mischen und in eine Form füllen.

Die Crumbles (s. o.) darüberverteilen, bei 175 °C in 25–30 Minuten backen. Schmeckt ganz frisch (heiß) oder lauwarm am besten. Mit Sahne/Rahm, Crème fraîche oder Vanilleeis anrichten.

PANNA COTTA MIT CURRY
UND ORANGENCURRYKOMPOTT

300 g Sahne/Rahm
2 EL feiner Zucker
1 Vanilleschote, aufgeschlitzt
2 TL Dessertcurry (S. 14)
2 Blatt weiße Gelatine

PANNA COTTA MIT CURRY
Die Sahne mit dem Zucker, dem ausgekratzten Vanillemark, den Schoten und dem Curry aufkochen, etwa 15 Minuten köcheln lassen. Schoten entfernen.

Gelatine in kaltem Wasser einweichen, ausdrücken und in der heißen Sahne auflösen. Wenn die Sahne zu gelieren beginnt, in kleine Porzellanförmchen füllen. Mehrere Stunden im Kühlschrank fest werden lassen, z. B. über Nacht.

4 Orangen, davon 1 unbehandelt
500 ml Orangensaft
100 g Zucker
1 Vanilleschote
2 TL Dessertcurry (S. 14)
oder Orangeningwercurry (S. 16)
Minzeblättchen zur Dekoration

DAZU PASST DAS ORANGENCURRY-
KOMPOTT AUCH:
SCHOKOLADENMOUSSE MIT CURRY (SEITE 114),
CRÈME BRÛLÉE MIT CURRY (SEITE 121) ODER
VANILLEEIS

ORANGENCURRYKOMPOTT
Die unbehandelte Orange heiß waschen und trocken reiben, die Schale mit dem Sparschäler hauchdünn abziehen. Alle Orangen so schälen, dass das Weiße mit entfernt wird. Die Orangen filetieren, austretenden Saft auffangen und mit dem anderen Saft und dem Zucker aufkochen.

Vanilleschote auskratzen, Mark und Schoten sowie Curry zum Saft geben. Saft auf die Hälfte einkochen, über die Filets gießen, abkühlen und durchziehen lassen.

ANRICHTEN
Die Panna cotta auf Dessertteller stürzen, die Orangenfilets drumherumarrangieren, die Panna cotta mit dem Sirup des Kompotts beträufeln. Mit Minzeblättchen dekorieren.

MARINIERTE MELONE
MIT GEEISTER ORANGENCURRYSAHNE

1 unbehandelte Zitrone
1 unbehandelte Orange
1 kleine reife Netzmelone,
z. B. Honey Dew, Galia
oder Cantaloup-Melone,
z.B. Charentais
2 EL brauner Zucker
1 TL Orangeningwercurry (S.16)
200 g Sahne
2 Stiele Orangenthymian

Zitrone und Orange heiß waschen und trocknen. Die Schalen separat abreiben, die Säfte auspressen. Die Melone halbieren, entkernen, Fruchtfleisch aus der Schale lösen und in mundgerechte Stücke schneiden.

Den Zucker im Blitzhacker zu Puderzucker zerkleinern.

Die Melone mit den Säften, der Hälfte der Zitronenschale und der Hälfte des Zuckers mischen. Zugedeckt kalt stellen.

Restlichen Zucker mit dem Curry mischen. Die Sahne steif schlagen, dabei den Curryzucker einrieseln lassen.

Restliche Zitronenschale und Orangenschale untermischen. Zugedeckt für 4–6 Stunden in den Tiefkühler stellen.

Thymian abbrausen und trocken schütteln, die Blättchen abstreifen. Mit einem Löffel Nocken von der Orangencurrysahne abstechen und auf den Melonenstücken anrichten.

Mit Thymianblättchen bestreuen.

EXOTISCHE FRÜCHTE
MIT SÜSSEM KOKOSCHUTNEY

50 g Kokosraspel
1 rote Chilischote
15 g kandierter Ingwer
1 unbehandelte Orange
1–2 TL Zitronensaft
2 TL Dessertcurry (S. 14)
oder Orangeningwercurry (S. 16)
1 EL brauner Zucker
1 kleine Prise Salz

1 reife, aromatische Mango, z. B. Alphonso
1 Papaya
2 Kiwi
1 Babyananas
2 EL Limettensaft
4 Stiele Minze

SÜSSES KOKOSCHUTNEY
Die Kokosraspel in einer Pfanne ohne Fett unter ständigem Rühren goldgelb rösten. Auf einen Teller schütten und abkühlen lassen.

Chilischote putzen, entkernen und hacken. Ingwer fein hacken. Von der heiß gewaschenen Orange 4 TL Schale fein abreiben und 3 EL Saft auspressen.

Alle Zutaten im Mixer zu einem eher trockenen Chutney zerkleinern.

EXOTISCHE FRÜCHTE
Die Früchte schälen, wo nötig entkernen, und in Scheiben aufschneiden. Fruchtscheiben dekorativ auf Platten anrichten, mit Limettensaft beträufeln und etwas marinieren lassen.

ANRICHTEN
Süßes Kokoschutney über die Früchte streuen und mit Minze dekorieren.

FEINE EXTRAS

CHAI LATTE
MIT CURRYMILCHSCHAUM

2 Gewürznelken
1 TL schwarze Pfefferkörner
10 grüne Kardamomkapseln
1 Zimtstange
15 g frischer Ingwer
1 Msp. Safranfäden
500 ml Milch
4–5 TL kräftiger Schwarztee,
z. B. Ostfriesenmischung
2 EL brauner Zucker
1 Prise Salz
½ TL Dessertcurry (S. 14)

Nelken, Pfeffer und Kardamomkapseln im Mörser grob zerstoßen. Zimtstange in Stücke brechen, Ingwer schälen und in Scheiben schneiden. Alle Gewürze mit 500 ml Wasser zum Kochen bringen, zugedeckt 10–15 Minuten köcheln lassen.

2/3 der Milch zugeben, erneut aufkochen lassen. Teeblätter, Zucker und Salz einrühren, vom Herd nehmen und 5 Minuten zugedeckt ziehen lassen. Danach abseihen und warm halten.

Restliche Milch in einem kleinen Topf auf 50–60 °C erwärmen. Curry einrühren, mit dem Stabmixer aufschäumen.

Chai in vier Becher gießen, auf jede Portion etwas Curry-Milchschaum setzen.

Mit feinem Mandelgebäck servieren, siehe Seite 132.

TRINKSCHOKOLADE
MIT CURRY

800 ml Milch
120 g dunkle Schokolade
(70 % Kakaoanteil)
3 TL Dessertcurry (S. 14)
und zum Bestäuben
1 Prise Salz
3 EL Agavendicksaft
60 g Sahne/Rahm
1 TL Puderzucker

Einen Topf mit kaltem Wasser ausspülen, aber nicht abtrocknen (verhindert das Ansetzen der Milch). Die Milch darin langsam erhitzen.

Schokolade in Stücke brechen, unter Rühren in der heißen Milch schmelzen. Mit Curry und etwas Salz würzen, mit Agavendicksaft süßen.

Die Sahne mit dem Puderzucker halb steif schlagen, Trinkschokolade in vorgewärmte Becher füllen, auf jede Portion einen Klecks Sahne setzen und diesen mit etwas Curry bestäuben.

MÜRBEGEBÄCK
MIT AROMATISIERTEM LEMON CURD

1 unbehandelte Zitrone
½ Vanilleschote
350 g Weizenmehl, Typ 405
1 Prise Salz
2 ½ TL Dessertcurry (S. 14)
130 g Zucker
½ TL gemahlene Vanille
1 Eigelb
220 g gekühlte Butter
Mehl zum Ausrollen
200 g Lemon Curd (oder Zitronengelee)
5 EL Puderzucker für Glasur

Die Zitrone heiß waschen, die Schale fein abreiben. Das Mark aus der Vanilleschote auskratzen. Mehl auf die Arbeitsfläche sieben, mit Salz, 1 TL Curry und Zitronenschale bestreuen, in die Mitte eine Mulde drücken. Zucker, Vanillemark und Eigelb darin verrühren. Butter in Flöckchen schneiden und darüberverteilen.

Alles mit einem langen Messer durchhacken, bis die Butterflöckchen sehr klein sind. Danach rasch mit den Händen zu einem glatten Teig verkneten und für 1–2 Stunden kalt stellen. Ofen auf 200 °C (170 °C Umluft) vorheizen.

Arbeitsfläche mit Mehl bestäuben, Teig darauf 2 mm dick ausrollen und Plätzchen (Ø 3–4 cm) ausstechen. Aus der Hälfte der Plätzchen die Mitte ausstechen, z. B. mit einem Apfelausstecher. Auf mit Backpapier ausgelegte Bleche setzen und in 8–10 Minuten goldgelb backen. Auf einem Kuchengitter auskühlen lassen. Lemon Curd mit dem restlichen Curry verrühren, auf die glatten Plätzchen streichen.

Die gelochten Plätzchen daraufsetzen. 2 EL Zitronensaft auspressen. Puderzucker durchsieben, mit dem Zitronensaft glatt rühren, Plätzchen damit glasieren.

FEINES MANDELGEBÄCK MIT CURRY

150 g Mandelstifte
2 unbehandelte Orangen
50 g Orangeat
50 g kandierter, abgetropfter Ingwer („Ingwernüsse")
125 g Zucker
50 g Akazienhonig
1 TL Ingwer, gem.
1 ½ TL Dessertcurry (S. 14)
oder Orangeningwercurry (S. 16)
Oblaten (5 cm Ø)

Mandelstifte in einer Pfanne ohne Fett goldgelb rösten. Orangen heiß waschen und trocken reiben, die Schale mit dem Zestenreißer abziehen und hacken. Orangeat und Ingwer fein hacken.

Zucker und Honig etwa 5 Minuten in einem Topf schmelzen, bis sich der Zucker aufgelöst hat und goldbraun färbt. Restliche Zutaten untermischen, 1 Minute köcheln lassen, Topf vom Herd ziehen.

Mit zwei Teelöffeln kleine Häufchen auf Oblaten setzen. Abkühlen lassen (Abbildung auf Seite 130). In einer fest schließenden Dose zwischen Lagen von Backpapier aufbewahren.

ORANGENSAHNETOFFEE MIT CURRY

1 TL Raps- oder Distelöl
200 ml Orangensaft
100 g Zucker
1 Prise Salz
100 g Sahne/Rahm
1 ½ TL Dessertcurry (S.14)
25 g Butter

Eine quadratische Form (ca. 10 x 10 oder 12 x 12 cm) mit Alufolie auslegen und mit dem Öl ausfetten.

Den Orangensaft in einem großen Topf zum Kochen bringen und auf etwa 50 ml einkochen. Zucker und Salz zugeben, solange unter Rühren köcheln, bis sich der Zucker gelöst hat. Aufpassen, denn die Masse bildet große Blasen und kann sehr schnell hochkochen!

Sahne und Curry in die Orangenzuckermischung einrühren und unter ständigem Rühren bei guter Mittelhitze solange einkochen, bis die Masse bernsteinfarben und sehr zäh geworden ist.
Das dauert etwa 15 Minuten. Jetzt die Butter zugeben, solange unter Rühren weiter köcheln, bis sie sich vollständig mit der Sahnemischung verbunden hat.

Die Masse in die geölte Form gießen und soweit abkühlen lassen, dass man sie mit der Hand anfassen kann. Kleine Mengen abnehmen, zu Kugeln formen, etwas flach drücken. Auskühlen lassen.

TIPP
Für eine leckere Karamellmilch einfach Milch erhitzen, einige „Toffees" darin unter Rühren schmelzen und mit einer kleinen Prise Salz und etwas Cayenne würzen.

CURRYMARZIPAN MIT INGWER
UND GERÖSTETEN MANDELN

150 g Marzipanrohmasse
40 g Puderzucker
2 TL Dessertcurry (S.14)
50 g eingelegter, abgetropfter Ingwer
50 g geschälte, gehackte Mandeln

Die Marzipanmasse in Stückchen schneiden. Puderzucker und Curry mischen und darüber sieben; gründlich verkneten. Ingwer sehr fein würfeln und ebenfalls unterkneten, Kugeln formen. Die Mandeln in einer Pfanne ohne Fett goldgelb rösten. In eine Schüssel geben, abkühlen lassen. Marzipankugeln darin wälzen.

VARIANTE MIT SCHOKOLADE
Das Currymarzipan ohne die Mandeln zwischen 2 Stücken Frischhaltefolie etwa 1 cm dick ausrollen und in Stäbchen schneiden. Dunkle Schokolade schmelzen, die Stäbchen zur Hälfte eintauchen und auf einem Tortensieb trocknen.

BANANENSMOOTHIE MIT CURRY

2 große, reife Bananen (200 g netto)
1 EL Limettensaft
300 ml gekühlter Orangensaft
2 TL Ahornsirup
2–3 TL Dessertcurry (S.14)
2 Becher Joghurt (à 150 g, 3,5 % Fett)

Die Bananen in Scheiben schneiden, mit dem Limettensaft beträufeln und für 2–3 Stunden in den Tiefkühler stellen.

Die angefrorenen Bananen mit Orangensaft, Ahornsirup, Curry und Joghurt in den Mixer geben und so lange pürieren, bis das Smoothie glatt und schaumig ist.

SÜSS-PIKANTE CURRYNÜSSE

75 g blanchierte Mandeln
75 g Wal-/Baumnusskerne
75 g Pistazienkerne
125 g Zucker
¼ TL Salz
3 TL Dessertcurry (S.14)
oder aromatisch-würziges Curry (S.16)

Die Mandeln in einer Pfanne ohne Fett bei mittlerer Temperatur etwa 5 Minuten rösten, bis sie anfangen, leicht zu bräunen. Die Walnusskerne halbieren oder vierteln und mit den Pistazien zu den Mandeln geben. Unter Rühren 2–3 Minuten weiterrösten.

Zucker mit Salz mischen, Nüsse damit bestreuen, weiterrühren, bis sich der Zucker löst, gerade hellbraun karamellisiert und alle Nusskerne von einer Zuckerschicht überzogen sind. Erst dann das Currypulver darüberstreuen. Nochmals alles gut mischen.

Die heißen Nusskerne auf ein mit Backpapier ausgelegtes Backblech schütten und gleichmäßig verteilen. Abkühlen lassen und auseinanderbrechen.

In einer luftdicht schließenden Dose aufbewahren und innerhalb von 1–2 Wochen aufbrauchen.

PETERSILIENPESTO MIT CURRY

25 g glatte Petersilie
1 Knoblauchzehe
40 g geschälte Mandeln
3 EL Olivenöl
2 TL Zitronensaft
Salz
schwarzer Pfeffer aus der Mühle
1 ½ TL scharfes Curry (S. 14)
25 g Parmesan, frisch gerieben

DAZU PASST DAS PETERSILIENPESTO AUCH: ZUM FÜLLEN VON KIRSCHTOMATEN, AUF GERÖSTETER ROTER PAPRIKA (SEITE 33) ODER MIT SAFRANPASTA (NUDELTEIGREZEPT, SEITE 69)

Die Petersilie abbrausen, trocken tupfen und die Blättchen hacken. Knoblauch schälen und hacken.

Mandeln im Blitzhacker zerkleinern, Petersilie und Knoblauch zugeben, weiter fein zerkleinern.

Mit Öl und Zitronensaft mischen, mit Salz, Pfeffer und Curry würzen. Zum Schluss den Parmesan untermischen.

VARIANTE
CASHEWPESTO MIT LIMETTENCURRY
Das Pesto mit Koriandergrün, gehackten Cashews, Limettensaft und Limettencurry zubereiten.

PIKANTE MANDELCURRYBUTTER

250 g Butter
4 Stängel Koriandergrün
30 g geschälte Mandeln
4 TL Limettencurry (S. 14)
½ TL Salz

DAZU PASST DIE MANDELCURRYBUTTER: AUF CRACKER, AUF GEDÜNSTETEM GEMÜSE, Z. B. BLUMENKOHL, ODER AUF TOASTECKEN

Die Butter bei Zimmertemperatur weich werden lassen. Koriandergrün abbrausen und gründlich trocken tupfen, danach fein hacken. Mandeln im Blitzhacker sehr fein mahlen.

Die weiche Butter mit Curry und Salz verrühren. Mandeln und Koriandergrün untermischen.

THAICURRYAÏOLI

1 Eigelb
150–200 ml Distel- oder Sonnenblumenkernöl
2–3 Knoblauchzehen, möglichst frisch
½ TL Salz
2–3 EL grüne Thaicurrypaste (S.19)
1 TL Limettensaft

DAZU PASST DIE THAICURRYAÏOLI:
GEMÜSESTICKS VON STANGENSELLERIE,
MÖHREN/GELBEN RÜBEN ODER ZUCCHINI,
KNAPP GEGARTE UND EISKALT
ABGESCHRECKTE RÖSCHEN VON
BLUMENKOHL, ROMANESCO ODER
BROKKOLI ODER AUCH ZU
GRÜNEM ODER WEISSEM SPARGEL

Eigelb mit einem kleinen Schneebesen gründlich glatt rühren, dann wenige Tropfen Öl zugeben und vollständig einrühren. Nach und nach kleine Mengen Öl zugeben und immer wieder gründlich einarbeiten. Löffelweise weiteres Öl einarbeiten, bis die Masse heller und dicklich wird. Sobald sie genügend fest, aber dennoch geschmeidig ist, hat man genug Öl eingearbeitet (abhängig von der Größe des Eigelbs).

Den Knoblauch schälen, fein würfeln, mit dem Salz im Mörser zerdrücken und untermischen. Nach Geschmack und gewünschtem Schärfegrad 2–3 EL Thaicurrypaste untermischen, mit Limettensaft abschmecken.

VARIANTE
Anstelle der Paste 2–3 TL Minzcurry einrühren und zusätzlich 2–3 EL frische fein gehackte Kräuter wie Petersilie, Minze oder Thaibasilikum unterrühren.

SÜSS-PIKANTE NUSSBUTTER

250 g Butter
30 g Haselnusskerne
25 g brauner Zucker
1 gute Prise Salz
4 TL Garam Masala (S.14)

DAZU PASST DIE NUSSBUTTER:
AUF TOAST MIT HONIG ODER QUITTENGELEE,
AUF HONIG- ODER GEWÜRZKUCHEN

Die Butter bei Zimmertemperatur weich werden lassen. Die Haselnusskerne in einer Pfanne rösten, bis die braune Haut dunkel wird. In ein Küchentuch wickeln und so lange rubbeln, bis sich die Häutchen lösen. Im Blitzhacker zu Nussmehl verarbeiten.

Die weiche Butter mit Zucker, Salz und Garam Masala verrühren. Das Nussmehl untermischen.

GELBES CURRYCHUTNEY

600 g Zwiebeln
2 EL Pflanzenöl
40 g frischer Ingwer
200 g getr. Aprikosen
1 TL Salz
1 EL Orangeningwercurry (S. 16)
oder scharfes Curry (S. 14)
200 g Zucker
75 ml weißer Balsamico
50 ml Apfelbalsamessig
½ frische Ananas

PASST PERFEKT ZU:
ZIEGENFRISCHKÄSE, PECORINO,
BRIE ODER ZU KALTEM HUHN

Zwiebeln schälen, würfeln und im Öl im Wok oder einer großen Pfanne andünsten. Bei aufgelegtem Deckel und mittlerer Hitze 30–40 Minuten weich dünsten.

Den Ingwer schälen und fein würfeln. Getrocknete Aprikosen klein würfeln. Salz, Curry, Ingwer und Aprikosen zu den Zwiebeln geben, gut mischen und offen weiterdünsten. Die Zwiebeln sollen keine Farbe annehmen.

In einer zweiten Pfanne den Zucker behutsam schmelzen und leicht karamellisieren lassen. Zwiebelmischung zugeben und so lange unter Rühren köcheln, bis sich der Zucker vollständig gelöst hat.

Nach und nach den Essig zugießen, das Chutney unter gelegentlichem Rühren weiter ohne Deckel köcheln lassen.

Die Ananas schälen, vom Strunk schneiden, klein würfeln und in das Chutney geben. Weitere 20 Minuten offen köcheln, bis die Flüssigkeit weitgehend verkocht ist.

Schraubgläser kochend heiß ausspülen, die heiße Chutneymasse bis zur Kante einfüllen. Zuschrauben und 5 Minuten auf den Kopf stellen. Abkühlen lassen.

Hält im Kühlschrank 4–6 Monate.

Abbildung von links nach rechts: Gelbes Currychutney (s. o.), Currysalzorangen und Curryhonigsenf (Rezepte Seite 141).

CASHEWCURRYSPRINKLE

100 g Cashewkerne, ungesalzen
50 g weiße Sesamsaat
¼ TL Salz
1 TL brauner Zucker
1 TL aromatisch würziges Curry (S. 16)
1 TL Chiliflakes

DAZU PASST DAS CASHEWCURRYSPRINKLE:
REIS UND SALATE, ROTKOHL-/ROTKABISSALAT
MIT MANGO (SEITE 54), COLE SLAW (SEITE 56),
ALS TOPPING AUF KÜRBISCURRYSUPPE MIT
KAKIS (SEITE 48) ODER AUF CURRYCREMESUPPE
MIT STECKRÜBE/BODENKOHLRABI UND
BANANE (SEITE 51)

Cashewkerne und Sesam in separaten Pfannen ohne Fett goldgelb rösten und abkühlen lassen.

Die Hälfte der Cashews mittelgrob hacken, den Rest mit Sesam, Salz, Zucker und Curry im Blitzhacker zerkleinern. Chiliflakes und Cashewstücke untermischen.

VARIANTE
Cashews und Sesam durch Kokosraspel und Mandelblättchen ersetzen.

CURRYHOLLANDAISE

200 g Butter
4 EL Weißwein
3 Eigelb
1 ½ TL Safrancurry (S. 16)
Salz
Zitronensaft
1–2 TL Orangenschale

DAZU PASST DIE CURRYHOLLANDAISE:
GRÜNER ODER WEISSER SPARGEL,
SCHWARZWURZELN, JUNGE KARTOFFELN,
HUMMER ODER LANGUSTE UND
GEDÜNSTETER LACHS

Die Butter langsam schmelzen und nicht heiß werden lassen. Durch ein feines Sieb gießen, um ausgeflockte Eiweißanteile zu entfernen, und lauwarm abkühlen lassen. Den Wein auf ⅓ einkochen und ebenfalls abkühlen lassen.

Die Eigelbe mit der Weinreduktion verrühren und über dem mäßig heißen Wasserbad (65–70 °C) hell und cremig aufschlagen. Die flüssige Butter erst tropfenweise, dann in Teelöffelmengen mit dem Schneebesen unterschlagen. Sobald die Sauce fester wird, kann die Butter auch in Esslöffelmengen untergerührt werden.

Zum Schluss Curry untermischen, mit Salz und einem Spritzer Zitronensaft abschmecken.

Nach Belieben mit den Zesten einer unbehandelten Orange bestreuen.

CURRYSALZORANGEN

300 g grobes Meersalz
100 g Rohrzucker
2 EL Orangeningwercurry (S. 16)
6 kleine dickschalige Bio-Orangen
4 Lorbeerblätter
4 Saftorangen

DAZU PASSEN DIE CURRYSALZORANGEN:
REIS- UND COUSCOUSGERICHTE, LAMMEINTOPF,
FÜLLUNGEN VON HÄHNCHENBRUSTFILETS ODER
FÜR DIPS UND PASTEN

Das Salz mit Zucker und Curry vermischen. Die Bio-Orangen heiß waschen und trocken reiben. Die Früchte längs der Achse 4-mal einschneiden, wobei die Schnitte nur ¾ durch die Frucht gehen sollen. Die Einschnitte blütenförmig auseinanderdrücken. In die so geöffneten Orangen je einen Esslöffel Salzmischung geben und die Früchte wieder zusammendrücken.

Die Hälfte des restlichen Salzes in ein sauberes Glas füllen, darauf die Orangen und die Lorbeerblätter verteilen und darüber die übrige Salzmischung. Alles kräftig zusammendrücken.

Saftorangen auspressen, so viel Saft über die Orangen gießen, dass sie vollständig bedeckt sind.

Gläser für ca. 3 Wochen in den Kühlschrank stellen, die Gläser täglich bewegen.

Wie bei den marokkanischen Salzzitronen wird von den Currysalzorangen nur die Schale zum Würzen verwendet.

CURRYHONIGSENF

40 g Dijonsenf
40 g körniger Senf
40 g Honig, z. B. Kastanienhonig
40 g Orangenmarmelade
40 g Orangeat
2 TL Orangeningwercurry (S. 16)
Salz
grüner Pfeffer aus der Mühle
Chiliflakes

DAZU PASST DER CURRYHONIGSENF:
GRAVED LACHS, GEDÜNSTETER LACHS,
ENTENBRUST, HÄHNCHENBRUST,
SCHWEINEBRATEN-AUFSCHNITT,
KALTES ROASTBEEF ODER ALS WÜRZE
FÜR SAHNESAUCEN ODER DIPS

Beide Senfsorten und Honig verrühren. Die gröberen Stücke der Orangenmarmelade klein schneiden, das Orangeat sehr fein hacken.

Beides unter den Senf mischen. Mit Curry, Salz, Pfeffer und Chili würzen.

TIPP
Mit Orangensaft, Brühe und Wal-/Baumnussöl zu einer Vinaigrette verrühren. Oder mit Sahne/Rahm oder Schmant zu einem schnellen Dip mischen.

EINGELEGTE CURRYBIRNEN

1 kg feste Birnen, z. B. Abate Fetel
500 g Zucker
500 ml Reisessig
100 g blanchierte Mandeln
1 TL Salz
2 EL Orangeningwercurry (S. 16)
1 TL Zimtblüten
1 TL Gewürznelken

DAZU PASSEN DIE CURRYBIRNEN:
ZU KALTEM FLEISCH ODER ZU KÄSE,
Z. B. BLAUSCHIMMELKÄSE

Die Birnen schälen, längs vierteln oder achteln und entkernen. In einen Topf geben, mit kochendem Wasser bedecken und 5 Minuten köcheln lassen. Abseihen, dabei 300 ml der Kochflüssigkeit aufheben.

Zucker, Essig und Kochflüssigkeit in den Topf geben, aufkochen und so lange köcheln, bis der Zucker gelöst ist.

Birnen, Mandeln, Salz und Gewürze zugeben. Aufkochen, Hitze reduzieren und 10 Minuten zugedeckt, danach weitere 10 Minuten offen sanft köcheln, bis die Birnen glasig sind.

Abgießen, die Flüssigkeit zurück in den Topf geben und in 5–10 Minuten etwas einkochen. Birnen und Mandeln etwa ¾ hoch in sterilisierte Gläser schichten, mit der Flüssigkeit mitsamt den ganzen Gewürzen begießen, bis sie komplett bedeckt sind. Verschließen und vollständig abkühlen lassen.

Die Birnen halten fest verschlossen und dunkel gelagert etwa 6 Monate. Nach dem Öffnen im Kühlschrank aufbewahren und innerhalb von 3 Wochen aufbrauchen.

TIPP
Übrige Flüssigkeit kann man mit einem milden Öl zu einer Vinaigrette aufschlagen oder zum Abschmecken von Suppen oder Saucen verwenden.

PIKANTE PAPRIKAKONFITÜRE

1 kg rote Paprikaschoten / Peperoni
75 ml Zitronensaft
3 EL Aceto Balsamico
4 TL Orangeningwercurry (S. 16)
oder scharfes Curry (S. 14)
100–200 ml Orangensaft
½ – 1 TL Cayenne
2 EL Schale von unbehandelter Orange
250 g Gelierzucker 3:1

DAZU PASST DIE PAPRIKAKONFITÜRE:
BARBECUE- UND GRILLFLEISCH,
FLEISCHFONDUE, MOZZARELLA,
ZIEGENFRISCHKÄSE ODER ZU PIKANTEN
VORSPEISEN

Backofen auf 220 °C (Oberhitze) vorheizen. Von den Paprikaschoten die Kappen abschneiden, aus dem Mittelstück Kerne und Zwischenwände entfernen, Fruchtfleisch in 3–4 Stücke schneiden.

Kappen und gerade Stücke mit der Schnittfläche nach unten auf ein mit Backpapier ausgelegtes Blech legen. Auf die oberste Einschubleiste schieben, Grillfunktion zuschalten und ca. 15 Minuten grillen, bis die Haut der Paprika schwarze Blasen wirft.

Ein Küchentuch in kaltes Wasser legen, ausspülen, auswringen und über die Paprika legen. Nach 10 Minuten kann man sie problemlos häuten.

Gehäutete Paprikastücke mit Zitronensaft, Essig und Curry mit dem Stabmixer pürieren. So viel Orangensaft zugeben, dass die Menge 750 ml ergibt. Mit Cayenne abschmecken. Orangenschale und Gelierzucker untermischen.

Saubere Twist-Off-Gläser mit kochend heißem Wasser ausspülen.

Die Masse in einen großen Topf geben, aufkochen und 3 Minuten sprudelnd kochen, dabei ständig rühren. In die sauberen Gläser füllen, verschließen und für 10 Minuten auf den Kopf stellen.

Die Paprikakonfitüre hält fest verschlossen ca. 1 Jahr. Nach dem Öffnen im Kühlschrank aufbewahren und innerhalb von 6–8 Wochen aufbrauchen.

PRODUKTE FÜR DIE REZEPTE

Hier gibt es eine große Auswahl an geeigneten Produkten für die Rezepte im 7. Curryhimmel:

Ganze und gemahlene Rohgewürze wie Koriander, Kurkuma, Kardamom oder Cumin. Trockene Currymischungen und Garam Masala, indische und thailändische Currypasten. Chutneys, Pappadams, Naanbrot und Reis sowie frische Produkte wie Ingwer, Chilis, Zitronengras, Schnittknoblauch, Koriandergrün etc.

www.gourmondo.de
www.bosfood.de
www.frischeparadies.de
www.meinlamgraben.at
www.erboristi.ch

Noch mehr Frisches für den 7. Curryhimmel:

Besonders viel Spaß macht es, in Ruhe über einen regionalen Markt zu schlendern und sich dort von frischer, saisonaler Ware inspirieren zu lassen, z. B. in der Frankfurter Kleinmarkthalle, auf dem Münchner Viktualienmarkt, dem Stuttgarter Marktplatz und in der Markthalle, dem Hamburger Isemarkt oder auf dem berühmten Naschmarkt in Wien.

www.kleinmarkthalle.de
www.viktualienmarkt-muenchen.de
www.maerkte-stuttgart.de
www.hamburger-wochenmaerkte.de
www.wienernaschmarkt.eu

Und noch mehr Gewürze:

Spannende Mischungen und gute Rohgewürze kann man auch hier bekommen:

www.violas.de
www.orlandosidee.de
www.spirit-of-spice.de
www.babettes.at
www.sultan-gewuerze.ch
www.globus.ch/de/delicatessa
www.manor.ch

Und hier gibt es exklusiv die 9 Currymischungen, die speziell für das Buch „Im 7. Curryhimmel" entwickelt wurden:

www.1001gewuerze.de

Wer Lust hat, mischt seine Currys nach den Rezepten im Buch selbst und bestellt dann nur noch die passenden Rohgewürze.

Wem das zu aufwändig ist, der bestellt die frisch produzierten Mischungen und kann sofort mit dem Kochen beginnen!

REZEPTE VON A BIS Z

CURRYMISCHUNGEN & PASTEN — 10

CURRYMISCHUNGEN
Curry, aromatisch-würzig	16
Curry, rot-scharf	14
Curry, scharf	14
Dessertcurry	14
Garam Masala	14
Limettencurry	14
Minzcurry	16
Orangeningwercurry	16
Safrancurry	16

PASTEN
Thaicurrypaste, grün	19
Thaicurrypaste, rot	19

VORSPEISEN, SUPPEN & SALATE — 20

VORSPEISEN MIT FISCH
Blini und Currylachstatar mit frisch-würzigem Schmant	26
Fischterrine, dreifarbig, mit Vanillelachs und Currykräuterdip	28
Jacobsmuscheln auf Currysteckrübenpüree	31
Limettenlachs, currygebeizt, mit Wasabisahne	24
Orangenlachs, currygebeizt, mit geminzter Orangen-Crème-fraîche	22
Thunfischcarpaccio, lauwarm, mit rotem Currychiliöl und Sesamsprinkle	25

VORSPEISEN VEGETARISCH
Antipasti, gemischt, in rotem Currychiliöl	33
Auberginendip mit Limettencurry	38
Bananenerdnussdip mit Erdnusscrunchy	40
Carpaccio von Roter Bete/Randen mit Korianderkokoschutney	36
Crostini mit Tomatencurrychutney	32
Curryfladenbrot	39
Curryhummus mit Apfel und Pappadamsprinkle	41
Gelbe Paprika, geröstet, mit Büffelmozzarella in Curryölvinaigrette	34
Gelber Paprikacurrydip 38	
Guacamole mit Thaicurry	39
Mandel- oder Sesamcurryfladenbrot	39

VORSPEISEN MIT FLEISCH

Hähnchenwraps mit Limettencurrymayonnaise und schnellem Mangochilidip	43
Putenstreifen in Erdnusscurrykruste mit Aprikosencurrydip	44

SUPPEN

Currycremesuppe mit Steckrübe/Bodenkohlrabi und Banane	51
Currysuppe mit Roter Bete/Randen und Currycroûtons	50
Kürbiscurrysuppe mit Kakis und Kokoscreme	48
Rinderbrühe, klar, mit Curryeierstich	52
Tomatencurrysuppe, schnell	50
Zucchinisuppe mit Minze und Currykäsestangen	47

SALATE

Cole Slaw mit Kokoscurryvinaigrette	56
Glasnudelsalat mit Gemüse und Mangocurrydressing	53
Gurkensalat mit Avocado und Minzcurrydressing	59
Rotkohl-/Rotkabissalat mit Mango und pikanter Orangenvinaigrette	55
Selleriesalat mit Curryvinaigrette und Paranüssen	58

HAUPTGERICHTE 60

HAUPTGERICHTE VEGETARISCH

Apfelkartoffelpüree	82
Auberginenpizza mit Ziegenfrischkäse und Safrancurryparmesancreme	67
Baked Potatoes mit indischer Crème fraîche	65
„Carotto" – Curryrisotto mit Gremolata aus Mandeln und Curry	68
Currygnocchi mit Mandeln und pikanter Sahneschaumsauce	73
Currykürbisrösti, scharf, mit Curryschaum und Ziegenfrischkäse	62
Currynudeln, würzig, mit Limettencurrysahne	72
Curryomelett mit Frischkäse	65
Grüner Spargel mit Parmesan und Currybutterbröseln mit Mandeln	74
Kokoskartoffelpüree mit pochiertem Ei und Chilibutter	77
Möhrencurryquiche mit Limettencurrykorianderdip	64
Pasta all'Arrabbiata, indisch-italienisch, mit Chilitomatensprinkle	71
Ravioli mit Frischkäsefüllung und Safrancurry	69
Süßkartoffelpüree mit Safrancurry	76
Zucchinipüree mit Minzcurry	76
Zwiebelcurryquiche	64

REZEPTE VON A BIS Z

HAUPTGERICHTE MIT FLEISCH

Bolognese mit Thaicurry	90
Curryhähnchen mit Honig und Bananencurrysauce	90
Currypilaf mit Lamm und Aprikosen	86
Entenbrust mit Zimtblüten und Limettenselleriepüree, dazu Kumquats in Currysirup	81
Hackbraten mit Orangeningwercurry und Chili	96
Hähnchenbrustfilets mit Curryfetakäsefüllung	88
Kalbsleber mit Apfelkartoffelpüree und Curryzwiebelconfit	82
Kohlrouladen, geschmort, mit Curryhähnchenfüllung	97
Lammfilets mit pikantem Apfelkompott	84
Lammkoteletts mit Curryziegenfrischkäse gratiniert	87
Rehmedaillons mit Quittencurrypaste	94
Satayspieße, mariniert, mit malaiischer Erdnusscurrysauce	91
Schweinebraten, knusprig, mit Curryaprikosensauce	83
Tafelspitz mit geliertem Curryjus und Currybratkartoffeln	92

HAUPTGERICHTE MIT FISCH & MEERESFRÜCHTEN

Fischauflauf auf Minzgemüsebett	106
Fischfilet in Erdnusscurrysauce	110
Forellen, gefüllt, mit frischer Kräutercurrybutter	104
Garnelen, gedämpft, mit Beurre blanc und frischen Curryblättern	103
Lasagne mit Lachsforelle und Ananaslauchgemüse	107
Muscheln in Safrancurrysud mit Gemüse	111
Rotbarbenfilets auf Minzcurrybulgur	100
Saiblingfilets auf Zimtblattspinat mit Limettencurrysauce	109

DESSERTS 112

Apfelmuffins mit Curry und Walnusskernen in Currykaramell	120
Applecrumble mit Dessertcurry	120
Bananenkokoskuchen mit Safrancurry	121
Crème brûlée mit Curry	121
Currybaisers mit Aprikosenpaste und Mandarinensafranmousse	122
Exotische Früchte mit süßem Kokoschutney	127
Joghurtmousse mit Curry und Mangopüree	117
Mandarinenmousse mit Safran	116
Melone, mariniert, mit geeister Orangencurrysahne	126
Panna cotta mit Curry und Orangencurrykompott	125
Schokoladenmousse mit Curry und gewürzkandierten Orangenzesten	114
Trifle mit Currycrumble	124
Zitronencheesecakes mit Curry	118

FEINE EXTRAS   128

Bananensmoothie mit Curry	134
Cashewcurrysprinkle	140
Chai Latte mit Currymilchschaum	130
Currybirnen, eingelegt	142
Currychutney, gelb	138
Curryhollandaise	140
Curryhonigsenf	141
Currykäsestangen	47
Currymarzipan mit Ingwer und gerösteten Mandeln	133
Currynüsse, süß-pikant	134
Currysalzorangen	141
Mandelcurrybutter, pikant	136
Mandelgebäck, fein, mit Curry	132
Mürbegebäck mit aromatisiertem Lemon Curd	132
Nussbutter, süß-pikant	137
Orangensahnetoffee mit Curry	133
Paprikakonfitüre, pikant	143
Petersilienpesto mit Curry	136
Thaycurryaïoli und Variante mit Minzcurry	137
Trinkschokolade mit Curry	131

LECKERE KLEINIGKEITEN UND VARIANTEN

Apfelkartoffelpüree	82
Apfelkompott, pikant	84
Applecrumble, klassisch	120
Aprikosencurrydip	44
Aprikosencurrysauce	83
Aprikosenpaste	122
Beurre blanc mit frischen Curryblättern	103
Blattspinat mit Zimt	109
Bulgurvariationen	100
Cashewpesto mit Limettencurry	136
Chilibutter	77
Chilitomatensprinkle	71
Curryaprikosensauce	83
Currybratkartoffeln	92
Currybutterbrösel mit Mandeln	74
Currychiliöl, rot	33
Currycroûtons	50

REZEPTE VON A BIS Z

LECKERE KLEINIGKEITEN UND VARIANTEN

Curryeierstich	52
Curry-Fetakäse	88
Curryjus	92
Currykäsestangen	47
Currykräuterbutter	104
Curryöl, gelb	34
Curryschaum mit Ziegenfrischkäse	62
Curryschmelze zum Gratinieren	87
Curryvinaigrette	34
Curryziegenfrischkäse	87
Curryzwiebelconfit	82
Erdnusscrunchy	40
Erdnusscurrysauce	110
Erdnusscurrysauce, malaiisch	91
Gremolata mit Mandeln und Curry	68
Klößchen mit Safrancurry	73
Kokoschutney, süß	127
Kokoscurryvinaigrette	56
Korianderkokoschutney	36
Kräutercurrybutter	104
Kumquats in Currysirup	81
Limettencurrykorianderdip	64
Limettencurrymayonnaise	43
Limettencurrysahne	72
Limettencurrysauce	109
Mangochilidip, schnell	43
Minzcurrybulgur	100
Nudelteig mit Safrancurry	69
Orangen-Crème-fraîche, geminzt	22
Orangencurrykompott	125
Orangenkokoschutney	36
Orangenvinaigrette, pikant	54
Pappadamsprinkle	41
Quittencurrypaste	95
Quittenkonfekt, pikant-süß	95
Safrancurryparmesancreme	67
Sahneschaumsauce, pikant	73
Schmant, würzig, mit Limettencurry und Dill	26
Sesamchilisprinkle	25
Thaicurryaïoli	137

ÜBER DIE AUTORIN

Bettina Matthaei ist Kochbuchautorin, Fachjournalistin und Mitglied im Food Editors Club. Ihre Leidenschaft für Gewürze zieht sich wie ein roter Faden durch ihre Kochbücher und Artikel.

Für ihr Buch „Würzen" erhielt sie von der Gastronomischen Akademie Deutschlands (GAD) die Silbermedaille 2005 und für ihr Buch „Mezze – ein Genuss" die Goldmedaille 2006.

Bettina Matthaei entwickelt Gewürzmischungen für das Familienunternehmen „1001 Gewürze" ebenso wie für andere Unternehmen und Gastronomen bis hin zur Sterneküche.

Sie entwickelt Rezepte und Produktideen für Delikatessen und schreibt Beiträge für Zeitungen, Zeitschriften und Internetportale – und immer geht es um raffiniertes und gesundes Würzen.

Daneben hält sie Vorträge und veranstaltet Seminare rund um das Thema Gewürze, z. B. auf Events und Gourmet-Messen, im Hamburger Gewürzmuseum oder an Bord der MS Europa (Infos unter www.bettina-matthaei.de).

2003 wurde die Firma „1001 Gewürze" gegründet, bei der ihre ausgefallenen Gewürzmischungen und ausgesuchte Rohgewürze online bestellt werden können (www.1001gewuerze.de).